儿童自闭症父母自助手册

蔡文哲 ◎ 著

中国纺织出版社有限公司

中文简体字版©2022年，由中国纺织出版社有限公司出版。
本书由心灵工坊文化事业股份有限公司正式授权，同意经由CA-LINK InternationalLLC代理正式授权。非经书面同意，不得以任何形式任意重制、转载。
著作权合同登记号：图字：01-2022-0267

图书在版编目（CIP）数据

儿童自闭症父母自助手册 / 蔡文哲著. --北京：中国纺织出版社有限公司，2022.3
ISBN 978-7-5180-9131-7

Ⅰ.①儿… Ⅱ.①蔡… Ⅲ.①孤独症—儿童教育—特殊教育—手册 Ⅳ.①G766-62

中国版本图书馆CIP数据核字（2021）第223955号

责任编辑：闫 星　　责任校对：高 涵　　责任印制：储志伟

中国纺织出版社有限公司出版发行
地址：北京市朝阳区百子湾东里A407号楼　邮政编码：100124
销售电话：010—67004422　传真：010—87155801
http://www.c-textilep.com
中国纺织出版社天猫旗舰店
官方微博 http://weibo.com/2119887771
天津千鹤文化传播有限公司印刷　各地新华书店经销
2022年3月第1版第1次印刷
开本：880×1230　1/32　印张：6
字数：68千字　定价：45.00元

凡购本书，如有缺页、倒页、脱页，由本社图书营销中心调换

序　言

回到初衷

曾收到一封Y妈妈的电子邮件，题为"惊魂记+call for help"。话说他们夫妻突然接到学校社工的电话，说孩子在学校数学没考好，想要自杀。社工要家长去学校接人，带他去看心理师，看是否有自杀危机要住院，如果没有通过评估，就不能上学。

这是一个我们医院的孩子，跟着父母进修，转入一个精挑细选的优质高中就读，由于能力很不错，加上父母全力支持，根据一个月前听到的反馈，孩子其实已经安置妥当，所以这个学期过不到一半时传来的求救还来得有点意外。

社工的描述倒还清楚实在：孩子的导师在导师时间（第一节课之前）带活动，主题是有关要设定自己的目标，（这个孩子的目标是要做计算机工程师）。上午第四节课孩子碰到导师，告诉他自己不懂其中一个题目"如果目标没有达成，他会怎么想？"，于是导师就举一个例子说：如果他的数学成绩是 C（没达到自己目标），他会怎么办？孩子直接回答说，那他就"suicide（自杀）"。这下可好了，导师开始紧张，就立刻通报，到了下午第一节课，孩子被社工从课堂上带出来，在社工室被保护看管，怕他在学校乱跑出事。

妈妈听到这些，稍稍松了一口气，原来是一个假设性问题所引发的一连串的反应！考虑刚来语言表达之故，社工安排他隔天早上去看一位会讲中文的华裔心理师。学校要根据他的评估，星期一早上召集家长、老师、社工、主任等进行会议，来决定孩子是否可回学校就读。妈妈就在此时发信求救，怕心理师不够了解状况，更怕学校会因此拒绝留下孩子。

根据妈妈努力和孩子还原的实况：当时导师举例问他，如果考数学没过关（fail, C），你会怎样？他想若擅长的科目真的得 C，那太可怕了，就直接回"自杀"，导师吓了一跳说"Are you kidding me？"（你在开玩笑吗），他又回答"maybe"（也许），接下来就是导师通报，孩子被社工带走，社工再问是否有想过自杀，他说"有"（很诚实的！）。

妈妈的反省很有道理：孩子因为过去成绩相当好，数学拿 C，当然是很严重的事情（根本是不可能发生的），看重自己表现的他，当然觉得如果真是那样还得了，那他"可能"会自杀啦！孩子在口语上的表达本来就属简短，所用的词常是很极端强烈，没有程度的差别，说话又很"诚实"。当别人问他是否会自杀，他说的"可能"，其发生机会也许只有 1%，但听的人可能会担心是不是 90%。

孩子自身的状况其实真的没那么令人担心，甚至可说是很无辜：学校一连串的行动吓到了他，当他知道是他说的话惹的祸时，他很难过、责怪自己、觉得都是他的错，他根本搞不清为什么大家的反应是这样。妈妈只能安慰他，提醒他一些话是不能乱讲的，是其他人不太了解他，但他需要改变自己来适应这边的环境。

其实对我们的孩子来说，类似的状况无时不在发生。小自刚从襁褓踏出，大到成年踏入繁杂社会；能力弱到需要被长期照护，强到必须整天面对议员向市民负责，他们永远在努力与周遭环境沟通互动。而且沟通互动必然不是只有单方面需要改善，这个真实故事中的老师、社工、心理师及校方与孩子的互动沟通了解，如果能够更深入宽广，就会有另一个更积极的走向。

近几年我们引进世界卫生组织（WHO）和美国自闭症之声（Autism Speaks）合作发展的照顾者技巧训练计划（Caregiver Skills Training Programme），照顾者在半年期间，依据台湾版CST训练者指引和参与者手册，每两周参与一次共九个核心训练课程、三次家庭拜访、七次电话访问。课程内容对这些家庭基础而必要，更重要的是除了课堂听讲之外，他们必须互相模拟演练，回家与孩子实际操作练习录像记录，训练者通过多次的电话、在线及家庭拜访在家实地讨论照顾者的操作。相对于其他模式，我们这套课程劳师动众、难以大量产销，需要逐步切磋琢磨，有时几近苛求。但是近30年的临床经验后，终究还是回归到最基本的治疗起点：促进他们与周遭环境的互动沟通，双向而不只是单向。这当然也是这本小书的初衷。

台大医院儿童心理卫生中心
蔡文哲
2021 年 6 月

目 录

绪　言　请学着爱我　001

第一章　自闭症的发现　009

　　　　开端之谜：一位父亲的来信　011

　　　　自闭症 vs. 阿斯伯格综合征　017

　　　　快速增加的患病率　023

　　　　病因是未解之谜　026

　　　　家族遗传的基因密码　028

　　　　不是精神分裂，也不是智能障碍　035

第二章　自闭症儿童的发展特征　041

　　　　语言沟通的发展特征：鹦鹉学说话　045

　　　　社会互动的发展特征：不看人，不求助　048

　　　　想象游戏的发展特征：不会玩的孩子　053

镜像神经元的功能缺陷　057

第三章　自闭症儿童的行为特征　065

人际关系的障碍　068

语言和沟通的障碍　075

行为的同一性　078

发展停滞与退化的严重性　081

第四章　自闭症的诊断　083

DSM-5 的最新分类标准　085

从广泛性发展障碍到自闭症光谱　089

DSM-5 的重大修正：取消阿斯伯格综合征　092

适当的诊断年龄　095

平常与异常的界线　098

心理理论的测试　103

大脑辨识区块检测　112

智力、受教育程度与自闭症的关联　116

第五章　自闭症的治疗　119

治疗没有万灵丹　121

如何面对各种治疗　125

行为分析的实证研究　128

我的孩子需要早期疗育吗　133

学龄前的加油站　139

第六章　特殊教育矫治　143

五个必守原则　147

沟通能力的训练：理解和表达　158

人际关系的训练：自我控制能力　163

生活自理的训练：独立自处技能　166

学校生活的适应：选择普通班还是特教班　168

结　语　相伴同行共勉之　175

附　录　延伸阅读　177

绪 言

请学着爱我

汤米的故事

2002年5月6日,《时代杂志》(TIME)的封面故事以"自闭症的内在世界"(Inside the World of Autism)的斗大标题,报导了美国一名五年级小学生汤米·巴雷特(Tommy Barrett)的故事。汤米喜欢数学和科学,尤其擅长计算机动画设计,是荣誉榜上的优秀学生。他和所有男孩一样,钟情于变形机器人。不同的是,他的身边不可以没有变形玩具,如果玩具不在身边,不管是在公共场所、校园里或教室中,他都会假想自己是大卡车变成的机器人,沉浸在自导自演的机器人世界,完全不理会别人眼光。表面看起来,汤米充满了创造力,想象力丰富,但又不太对劲。三岁以前,汤米很爱说话,口才流利,却总是自顾自地滔滔不绝,不理会对方的反应,眼睛也不愿意注视他人。

四岁时，汤米已学会了阅读，却很容易焦躁、注意力短暂，无法保持安静参加团体阅读活动。

　　看着汤米种种的奇怪行为，父母心中越来越不安，决定带孩子求诊。医生证实了父母的怀疑，汤米罹患轻微的自闭症（Autism），也就是阿斯伯格综合征（Asperger Syndrome）。汤米的父母无法承受如此打击，因为汤米的一对双胞胎哥哥就是重度自闭症儿童，他们出生时看起来很一般，很早就开始牙牙学语，后来却躲进自己的世界里，渐渐失去说话能力，经常用奇怪而难听的高亢吼叫来表达情绪。汤米全家背负着自闭症的沉重阴影，不明白为何三个孩子都罹患自闭症，是教导方式不当？病毒感染？环境污染中毒？还是家族基因遗传的问题？自闭症可以治疗吗？会慢慢复原吗？这样的孩子怎么抚养？长大后怎么办？……一连串的不确定性和疑问，深深困扰着汤米的父母亲，相信这也是所有自闭症家庭共同的痛苦和疑惑。

　　"全美国有超过一百万的自闭症患者，而且人数正在快速攀升。"杂志的封面文案让人惊心，也宣示了美国社会必须开始正视自闭症问题。

绪　言　请学着爱我

从此以后,《时代杂志》和其他媒体上的自闭症相关报道不断增加,每年都刊登好几篇最新研究,探讨自闭症的盛行率、成因和治疗,研究主题从空气污染、基因、大脑、药物影响,到母亲的饮食习惯、性别等,琳琅满目。自闭症显然是21世纪最受瞩目的精神疾病之一。

天宝的故事

一般人想到自闭症,脑海中总是浮现悲观绝望的色彩。然而,媒体上也曾出现过鼓舞人心的报道,例如动物科学家天宝·葛兰汀(Temple Grandin)博士。

天宝可以说是美国(甚至全世界)最知名的自闭症患者之一。她三岁时被确诊为自闭症,四岁才学会说话。青春期的经历令天宝感到恐惧,她遭到同学的排挤和欺负,被嘲笑为怪咖女孩,常常感到莫名的焦虑,容易无预警地暴怒,偶有攻击人的行为。她最怕在自助餐厅吃饭,层层排排的椅子推进和拉出的声音,人们穿梭走动、大声说话的音浪,会让她的敏锐听觉超出负荷,神经系统因受过度刺激而痛苦不堪。

高中时期，天宝幸运地遇见了一位自然科学老师。这位老师看到天宝的特殊才能，耐心引导她对科学产生强烈兴趣，培养她在动物科学方面的职业专长。她不但取得动物科学博士学位，而且她所设计的牲畜管理自动化设备，在全球十几个国家广泛使用。

天宝属于非常努力成长的自闭症患者，她对自己的情况有强烈的自觉意志，勇于克服人际关系发展上的障碍，努力学习爱与被爱的真谛，提醒自己待人要温柔，靠着自修心理学相关书籍，她训练自己去揣摩他人的情绪及言外之意。对自闭症患者来说，这是极为困难的过程。

天宝在成长过程中，很幸运地遇到了愿意帮助她的贵人，更重要的是，她得到母亲和亲友们的支持和肯定，他们没有把她视为"不完整的孩子"，而是努力去了解她的先天缺陷，也看见她的天赋，提供她可以发挥特长的空间与资源，让她从自闭症的小宇宙走向世界的大舞台。天宝很愿意分享自己的故事。每次她去参加自闭症家庭的聚会，总能引起热烈掌声，让每位父母热泪盈眶。她的现身说法，帮助了成千上万的自闭症家庭，鼓舞他们勇敢走出阴霾，学习接纳孩子的与众不同，跟孩子一起为未来而努力。

天宝的努力，拉近了一般人与自闭症患者之间的距离，让我们了解自闭症患者的特殊行为和内心世界。她强调，不要因为自闭症的标签，而低估孩子的潜力；自闭症儿童无论功能高低，只要接受正确的治疗，都有可能培养出独立生活的能力，活出有意义的人生。她也鼓励自闭症患者别放弃自己，一定要不断尝试，不要让"残缺的心态"阻碍成长。

近年来，自闭症人口快速激增，大家赫然发现，过去被视为罕见疾病的自闭症，如今竟然处处可见：从不会言语沟通、不断自我伤害的重度患者，到天赋异禀、不学自通、目中无人的数学奇葩、艺术大师等，他们身上都有自闭症的身影。二十多年前，在台湾地区要诊断自闭症还是非常困难的事情，随着医学的进步，自闭症是"不治之症"的观念已逐渐瓦解。报纸杂志也经常报道自闭症患者的光明故事，出生于1947年的天宝，是全美知名的畜牧学专家、畅销书作家、演说家，也是全世界曝光率最高的自闭症患者。她现任科罗拉多州立大学动物科学系副教授，经常在美国各地的自闭症会议上发表演说。她的分享弥足珍贵，为世人打开一扇窗，让更多人了解自闭症儿童的内心世界。

2010年她在TED网站上的知名演说"世界需要不同的思考"，在网络上广为流传，深深感动着每一位听众。

天宝根据自己的成长历程，写了两本好书《星星的孩子》《我看世界的方式跟你不一样》❶。2013年最新作品是 *The Autism Brain*❷。

HBO将她的成长故事拍成电影《星星的孩子》（英文片名为 *Temple Grandin*），并荣获艾美奖七项大奖，饰演天宝的克莱儿·丹尼丝（Claire Danes）也一举荣获金球奖最佳女主角奖。

由于天宝曾说自闭症患者宛如孤悬在遥远天际的星星，活在一般人无法理解的世界里，因此后来"星星的孩子""星星儿"就成为自闭症儿童的代名词。

---

❶ 后者中文简体版本为《我心看世界：天宝解析孤独症谱系障碍》，2012年由华夏出版社出版。——编者注
❷ 简体中文版本《孤独症大脑：对孤独症谱系的思考》2016年由华夏出版社出版。——编者注

社会大众对于自闭症的刻板印象正逐渐改善,人们正努力了解他们的行为特征,愿意学习与他们共处。

家有自闭症儿童,不代表全家就要陷入愁云惨雾,与欢乐绝缘。父母感到害怕、彷徨无助,这是正常的心路历程,但就像天宝所说"这个世界需要不同的思考",我们不妨转换心境,好好认识自闭症的世界,勇敢给孩子及自己一个全新的梦想,以正向的态度,探索孩子的潜力,配合孩子的独特状况,提供适当的鼓励和帮助,与孩子一起走向充满祝福的未来。

第一章
自闭症的发现

目前无法从基因的单一位置,直接找到确定的自闭症病因,这真是一个让科学家沮丧的结果。

第一章　自闭症的发现

开端之谜：一位父亲的来信

自闭症目前如此盛行，很难想象在20世纪中叶以前，我们根本不知道有这样独特的孩子存在。

1938年，美国约翰霍普金斯医院儿童精神科医生雷欧·肯纳（Leo Kanner）博士收到一位父亲的来信。这位忧心忡忡的父亲用了三十七张信纸，详细描述他的五岁儿子唐诺（Donald G. Triplett）的各种怪异症状，引起肯纳博士的研究兴趣，博士邀请他来医院，自闭症的神秘面纱才逐渐掀了起来。

唐诺一岁时已经会精准哼唱许多歌曲，两岁展现出超凡的记忆力，能够记住很多人的脸孔和姓名。他很喜欢看照片，对百科全书上的照片如数家珍，可以背诵出美国历届总统的名字，很快就学会倒着念所有字母，数字可以一口气从一数到一百。

唐诺很喜欢旋转积木、盘子以及所有圆形物体，却不喜欢汽车、三轮车、秋千；他从四岁左右开始摇头晃脑，重复哼唱三个音阶的曲调；喜欢微笑着到处闲逛；无意识地不停转动手指头，或举手伸向空中交叉手指；可以整天只玩一样玩具；不喜欢与父母或其他孩子待在一起，若有人来打扰他，会大发脾气，摔坏东西。每天他总是强迫母亲配合他进行固定的语言仪式，例如午睡醒来，他要母亲重复他说的话："唐诺，你想要下来吗？"接着要求母亲立刻说"没问题！"如果母亲不愿意应和，他会大哭大闹，紧绷脖子和脸部的肌肉，除非母亲配合完成这套仪式，否则他不肯下床。

唐诺喜欢突然爆出单字或词组，经常说一些没有意义的话；像鹦鹉一般，仿说他听到的话语；无法正确使用人称代名词，当他想要脱掉鞋子，他会跟妈妈说："脱掉你的鞋子。"当他想上厕所，会说："你要上厕所。"把"我"和"你"混淆，这种代名词反转的情况，常让大人摸不着头脑。

继唐诺之后，连续五年内，肯纳博士又发现了十一个有着类似症状的小孩，这十一位自闭症儿童（八男三女）都在未满两岁前发病，肯纳医生认为这些症状不是突发的，应该在他们出生时就已存在，只是当时年纪太小，大人没有注意到。1943年，肯纳博士正式以《情感接触的自闭障碍》（Autistic Disturbances of Affective Contact）为题发表论文，将这些症候群称为"早发幼儿自闭症"（early infantile autism），简称"幼儿自闭症"。这份报告发表之后，不少父母开始意识到自己孩子的症状，十年内肯纳医生接触到将近一百二十位类似症状的幼儿。在这么短的时间内发现这么多案例，着实令人惊讶。

医学小常识

自闭症

"自闭症"（Autism）一词最早是1911年由瑞士精神科医生尤金·布鲁勒（Eugen Bleuler）提出，用来标示那些曾经表现很正常，却突然之间再也无法与他人沟通、陷入极端孤立状态的精神分裂症患者。

肯纳医生认为这个名词也适用于描述他的十一名临床案例的先天孤立特质，为了与后天性的精神病患有所区别，故肯纳医生将这些儿童个案的症状，命名为"早发幼儿自闭症"。

后来的医学研究再也没有把自闭症与精神分裂症画上等号。自闭症也因为具有独特的病理、病征，而成为一个独立的疾病诊断。

自闭症儿童的个别情况差异性很大，有的孩子语言能力有限，无法表达自己；有些孩子语言能力一般，却很爱讲话，背诵记忆力超佳，精于机械、视觉、空间；有的孩子不太会说话，但拥有某项特殊专长，例如碰到计算机就变成计算机专家，或拥有优异的绘画天分。

国外的研究提到许多杰出的案例。例如,有一位自闭症小女孩,三岁的时候还不会说话,却很喜欢画马。一般三岁小孩画不出完整的具体图案,但她的笔触却柔软生动,展现出了惊人的视觉观察力。很奇妙的是，等到她开始说话之后，就不再画马了。

自闭症儿童的视觉记忆，通常很专注于细节，与一般画家看东西的角度不同。英国有名的自闭症儿童艺术家史蒂芬·威雪（Stephen Wiltshire），他所画的伦敦泰晤士河、城市街景，简直就像有一台照相机在他的脑袋里，笔法工整细腻，细节栩栩如生，宛若建筑师的笔法。

不过，自闭症儿童的绘画有个特色，画物品一级棒，却不太会画人的脸。有一个孩子画他在厨房做早餐，厨具餐具都画得非常细腻，生动而有想象力，但是画自己的脸却简单两三笔带过，轻描淡写，表情一片空白，这透露出自闭症患者在辨识脸部表情方面存在一定障碍。

自闭症 vs. 阿斯伯格综合征

无独有偶，1944 年，也就是肯纳博士发表论文的来年，奥地利小儿科医生汉斯·阿斯伯格（Hans Asperger）也以德文发表了一篇研究报告，报告中的案例跟肯纳医生的个案很类似，但症状比较轻微。

阿斯伯格医生与一群修女在维也纳合作创办一间儿童疗育发展中心，收容有发展障碍的小孩。报告中的四个男孩案例，语言发展与智力都很一般，却出现类似自闭症的症状：社交困难的人格障碍、强烈的自我中心意识、固着性行为、封闭与外界的一切沟通。

当时正值第二次世界大战，这篇以德文发表的报告并没有引起太多注意，直到1980 年代，英美学界才留意到阿斯伯格医生提出的案例，并将之命名为"阿斯伯格综合征"。

如何分辨自闭症与阿斯伯格综合征？最大的不同在于，后者在早期没有明显的语言或认知发展迟滞，其他主要症状皆雷同。

由于这两者极为类似，很难清楚鉴别，医界在临床上的诊断一直出现很多状况，每位医生的说法见解各有不同，每个人诊断出来的阿斯伯格综合征都不太一样。尤其是在语言能力发展的诊断上，最容易引发争议。语言能力会随着年龄增长而改变。阿斯伯格综合征的诊断标准，对这部分没有太多着墨，导致医生各执己见，引发不少争议。举例来说，高功能自闭症儿童的早期症状是不说话、不理人，完全符合自闭症的诊断描述，到了六七岁以后，若语言及认知能力追赶上来，个案的情况又变成符合阿斯伯格综合征的描述，那么医生到底要在病历表上记载自闭症，还是阿斯伯格综合征呢？也由于语言能力的发展障碍较小，阿斯伯格综合征被诊断出来的时间通常比较晚，有些人甚至到成年以后才得到确诊。

尽管诊断手册上有白纸黑字的清楚说明，但在实践中，特殊教育老师所认知的阿斯伯格综合征，往往与医生有很大的不同。特教老师依据孩子的课堂表现和实际接触的经验，认为阿斯伯格综合征孩子比较怪、容易引人讨厌、比较吵闹、很烦人，自闭症孩子则比较退缩、安静、比较乖。真的是这样吗？这些观察印象并没有明确的数据作为佐证，或具有公信力的研究资料可加以证明，所以医生们只能当作参考，无法作为帮助诊断的依据。

临床上，阿斯伯格患者的主要症状是：对于社会情境的了解有障碍，行为模式缺乏弹性，难以理解抽象性的语言，导致人际关系不佳。人际关系通常有亲疏远近之别，我们会对熟悉的人表现亲密，对不熟的人有疏远感，如果反过来，就有违常理。阿斯伯格患者的人际关系障碍之一，就是亲疏不分，他们的表现可能很极端，有些患者完全不理人，对待亲人就像陌生人；有些患者则是整天到处找人说话，也不管认不认识人家，而且说话内容常没有意义或不恰当，容易引起反感，或被人排斥讥笑。

"请问哥"的故事

"请问哥"是我的一个门诊患者，从小语言能力没问题，很聪明，学科成绩不错，也顺利考上大学理工科系。他从小就是校园里的知名人物,同学们帮他取了"请问哥"的绰号,因为他见到任何人都爱问东问西,问题又很无厘头,例如,明明站在便利商店里,却问旁边的人:"请问,这里是不是7-11?"明明餐厅里有一堆空位,却频频问人:"请问,这是不是一个空位?"初次碰面的学生一开始觉得他很有礼貌,很愿意亲切回答,但是,当这些没头没脑的问题问多了,他的怪异行为便很快传遍校园,有些学生开始不耐烦回答,这让他很生气,甚至开始攻击对方,他的风评也越来越差。我们不妨想一想,"请问哥"为何要不断地到处"请问"别人?他很无聊吗?想跟女生搭讪吗?其实都不是。他只是在尝试跟人家打招呼,想要练习怎么主动跟人讲话。他知道自己不太会交朋友,可能最先试着跟人家"请问"一下,发现得到很多友善的响应,让他开心不已,于是就继续用这一招半式走天下,到处去"请问"人家。

他单纯出于善意,想要打开社交之门,只是他很固执,不会变通,只会重复很无聊的问题,男生们很快不理他了,他只好去找女生问,还是屡遭白眼,得到反效果。

"请问哥"的情况反映了自闭症和阿斯伯格患者的沟通障碍。他即使有意愿改变,想要突破现状,想要练习找人说话,却仍不得其门而入,也无法理解自己的方法哪里不对,不知道这样做为何不得体,为何造成他人的误解和反感。几次受挫之后,他可能就退缩回到自己的世界,变得更沉默孤立。

医学小常识

关于"情感接触的自闭障碍"

1. 不会说话,或所说的话不像是用来沟通的。
2. 拙于沟通,极端孤独,无法与他人有自然的情感接触。
3. 经常出现固着性行为,有强迫维持同一性的欲望。
4. 对特定物品有特殊偏好,常以精细动作操弄这些物品。
5. 有语言能力者,通常也具有极佳的机械式记忆力或拼图等空间能力。

快速增加的患病率

自 20 世纪 90 年代开始,自闭症的相关研究越来越多,陆续出版的医学报告均传达出一个重要讯息:自闭症患者的人数比想象中还要多。罹患自闭症的几率,没有种族、社群、文化、地理与国籍之分,全球每二十分钟就有一个孩子被诊断为自闭症,以男生居多。

根据美国疾病预防控制中心(Centers for Disease Control and Prevention, CDC)2012 年的统计,每八十八个儿童中就有一位自闭症患者,男生是女生的五倍。从 2002 年到 2011 年的十年间,自闭症患者骤增了 78%。英国 2011 年有一份长期追踪研究显示,大约每一百人中就有一位自闭症患者。另外,根据媒体报道,香港的自闭症比率大约每六百人中有一个。韩国公布的数据更惊人,高达 2%。

台湾地区目前没有官方单位或研究机构正式统计自闭症的患病率,不过,根据台湾内政事务主管部门身心障碍者人口统计资料,2012 年台湾地区有 11712 位自闭症患者,比十年前增加 2.7 倍。

早期医学认为自闭症是很严重的疾病，非常难诊断出来，现在医院门诊经常遇到不同年龄、不同程度的初诊个案，自闭症出现的比率已经比唐氏综合征、脊柱裂、糖尿病还要高。面对如此令人震惊的数据，许多专家开始讨论："是真的有更多自闭症儿童？还是诊断标准有问题？"自闭症的诊断虽有清楚定义，但每位医生的标准不一，加上每一位自闭症儿童的症状各有不同，行为表现的差异性极大，每一个发展阶段的障碍程度又不断变化，很难划出明确的界线。各个国家和地区的患病率也会因不同的研究方法而得到不同的结果。也有人认为，目前医疗系统越来越完善的转介模式、疗育服务、普及的儿童门诊、公众关注度的增加，都是影响因素。牵涉其中的变量太多，因此，自闭症患者数量近年来快速激增的真正原因，目前仍难以得到确切、清楚的解释。

> **医生小叮咛**
>
> 自闭症人口快速攀升，遇到自闭症朋友的机会增加了，请记得以正向态度去理解和接纳他们！

可以确定的是，自闭症在全球已经成为最普遍的儿童发展障碍疾病。为了唤起社会大众的关注，联合国自2008年起，将每年的4月2日定为"世界自闭症日"，以唤醒全球，让人们共同注意自闭症患者的快速增加。

病因是未解之谜

自闭症被发现之后,各国的公私立研究机构纷纷投入研究这令人迷惑的复杂疾病,原本冷门的神经科学变得热门起来,研究经费大量增加,大家急着想找出答案。各种实验报告陆续公布最新的结果,仿佛掀起了一场划时代的科学革命。然而许多年过去了,自闭症的成因依旧是大谜团,没有明确结论。

早期精神医学家偏向环境因素的论点,认为自闭症不是天生的,而是心因性问题,源于父母的个性或错误的教养方法,甚至将责任归咎于母亲的过度冷漠。这种推论等于给自闭症患者及其家庭抹上污名的色彩。

这种说法后来遭到推翻。研究发现不少自闭症儿童的家庭和乐,父母亲温和有礼,甚至是高级知识分子,非常重视教养育儿的方法,因他把病因推给父母(尤其是母亲)的说法不攻自破。此外,科学家发现非常多的自闭症儿童伴有癫痫症状,计算机断层扫描也发现自闭症儿童的大脑形态确实有异常。显然，这些发现支持自闭症是先天生理因素所造成的。

那么，自闭症患者脑部功能异常的位置在哪里？是哪些神经传导物质出现异常呢？答案至今没有定论。现代医学已证明的自闭症生理病因，包括遗传、新陈代谢、神经病变、病毒感染、出生或怀孕难产、疫苗、暴露于有毒物质或药物中等，这些因素都可能造成复杂的脑损伤，导致神经系统处理信息的障碍，形成自闭症。换句话说，目前仍找不到单一的生理病症，可以解释自闭症的成因。面对这个让人迷惑的疾病，还有许多谜团待解。

家族遗传的基因密码

自闭症是不是跟遗传有关？家长们都很关心这个问题。目前医界普遍认为，家族遗传与自闭症是有关系的，若可以找到遗传基因缺陷的正确位置，就可以知道基因是通过何种途径产生了自闭症，对自闭症的研究和治疗将大有帮助。

为了探讨遗传基因的影响，许多研究都从家庭成员和双胞胎的发病率着手。

例如英国一份研究显示（图1-1），染色体一模一样的同卵双胞胎，若一位有自闭症，另外一位出现发展障碍的几率，高达92%；罹患自闭症的机会达60%；完全没有得病的几率，仅有8%。至于染色体不同的异卵双胞胎，同时发生自闭症的状况，几乎是零。

这个研究让我们清楚地看到，只要有相同的染色体，双胞胎同时罹患自闭症的机会就大增。

为了研究自闭症基因的位置，科学家也收集了许多自闭症儿童及其家人的基因，进行对照分析。

第一章 自闭症的发现

同卵双胞胎

- 认知障碍 4%
- 没有障碍 8%
- 社交障碍 12%
- 社交及认知障碍 16%
- 自闭症 60%

异卵双胞胎

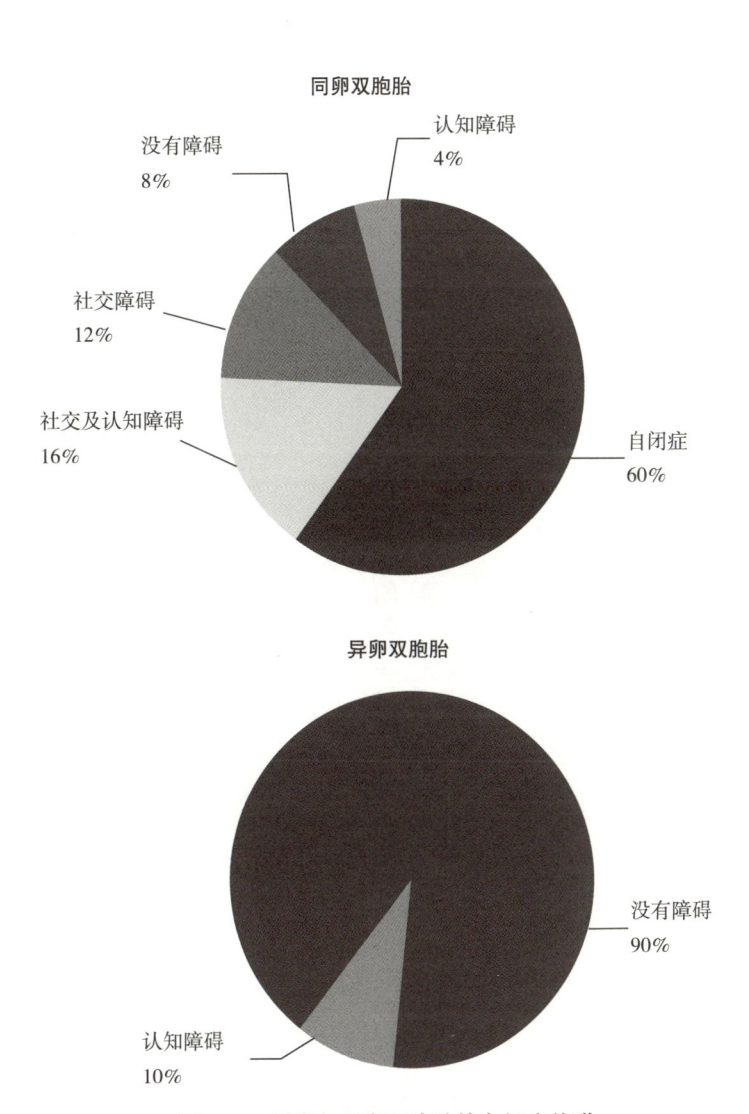

- 没有障碍 90%
- 认知障碍 10%

图 1-1 同卵与异卵双胞胎的自闭症关联

人体有二十三对染色体。在图 1-2 的染色体图中，标示出点状的位置，代表可能是与自闭症有关的基因。如图所示，几乎每一条染色体都有点状出现，分布很广泛，根本无法辨认出造成自闭症的关键性单一位置。这真是让科学家沮丧的结果。

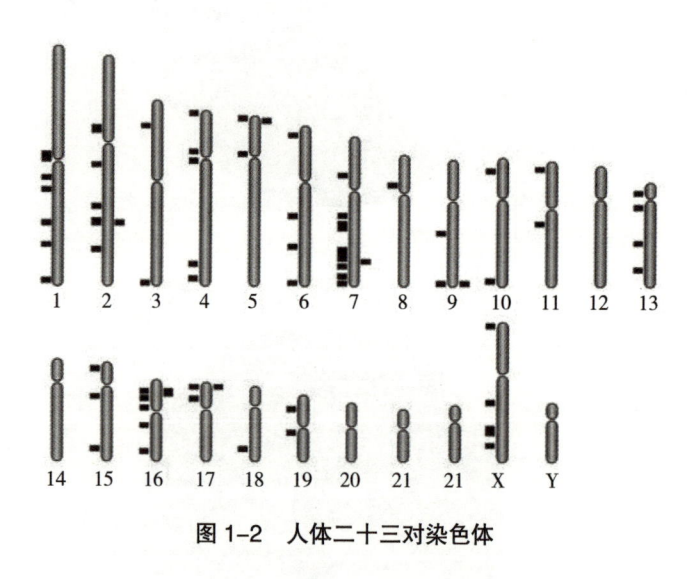

图 1-2 人体二十三对染色体

可能导致自闭症类障碍的基因位置，几乎每条染色体都有。

目前科学研究碰到的最大问题是，从每个患者身上找到的基因点各有不同，而且，在某些患者身上找到的基因位置，不见得在其他患者身上可以得到证实。有些基因点可能与自闭症有关，但关联性却又不够强烈。这就是目前基因研究的现况。自闭症的真正致病位置到底在哪里，还无法得到确定的答案。有些研究者甚至推测，与自闭症有关的基因至少有二十个。

这样复杂的变异性，可以解释常见的疑惑——正常的爸妈为何会生出自闭症小孩？我们来假设：如果发病的标准是"带有五条以上与自闭症有关的基因，就会显现出自闭症"。有一个爸爸身上有三条自闭症基因，妈妈也有三条自闭症基因，爸妈都没有表现出自闭症症状，两人结婚生子，小孩身上带有六条与自闭症有关的基因，依据诊断标准，这对父母就有可能生出自闭症儿童。

因为染色体上的自闭基因分布很广泛，或许可以假设：我们每个人身上都多少带有一些与自闭症有关的基因，有时候也会表现出一点类似自闭症的行为模式。通常，比较钻牛角尖、不爱跟人打交道、喜欢宅在家里的人，可能拥有多一点自闭症的特质，但还没有严重到构成疾病的程度。而自闭症患者的表现，无论看起来是长处（例如善于分析计算），还是缺点（例如拙于人际社交），其实都是人类本质的一部分。

由于目前无法从基因的单一位置直接证明其是与自闭症有关，只知道很多基因都与自闭症有一些关联性，每一个基因都反应出一点点的自闭症症状。经由假设，我们或许可以解释为何每个人多多少少都带有自闭症特征，以及健康的父母为何会生出自闭症小孩的原因。然而，我必须强调，这些都只是假设，尚无法得到科学证实。

图 1-3 是一名自闭症儿童的家族树状图。科学家追踪到其祖父辈的情况，发现祖父有阿斯伯格综合征倾向，生下的三个小孩中有一位自闭症，其他两位也都有阿斯伯格综合征症状，到了第三代，又生出自闭症小孩。这证实了自闭症倾向容易发生在同一家族里，只要家族中有明显的自闭症基因，近亲或多或少也会有自闭症的相关特质。

第一章 自闭症的发现

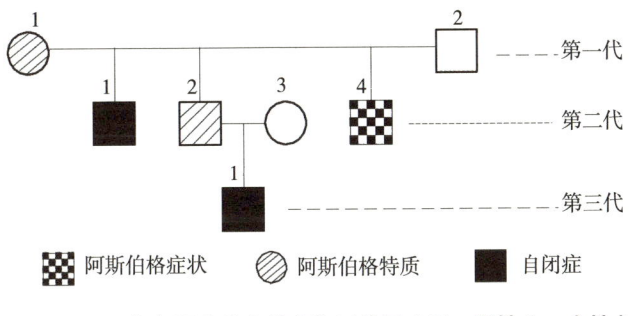

图 1-3 一位自闭症儿童的家族树状图（□：男性 ○：女性）

图例：▦ 阿斯伯格症状　◫ 阿斯伯格特质　■ 自闭症

向肯纳医生写信求助的唐诺的父亲，是一名注重细节、认真卖力的成功律师，曾经受不了工作压力崩溃过两次。他认真严肃地对待每一次生病，连最轻微的感冒，也严格遵守医生的嘱咐到床上休息。走在街上，他习惯专注思考，无视路上的人事物。

肯纳医生的报告虽然没有清楚指出这位父亲是否也有自闭症倾向，但是从这些描述中看，他似乎也带有一点阿斯伯格的特性。

> **医生小叮咛**
>
> 自闭症罹病率不受种族、文化、智商、教育程度、教养方式等影响。这是先天的脑伤疾病,身为父母,不需要歉疚或自责。

台湾地区曾经有医生私下统计调查,发现某届一百个毕业生结婚后生出的下一代中,有四位罹患自闭症,患病率比一般人高。其中一位医生太太回顾检视家族遗传的可能性,发现先生家族中的每一代男性都有类似自闭症的行为,连清朝时代的阿祖也不例外。阿祖光耀门楣、考上状元,个性却孤僻龟毛,不太与人打交道,但是每一代父辈的运气都很好,都娶到了很会照顾家庭的好老婆,老公不会做的事情,全由老婆来打理。就像唐诺的妈妈,也是一位冷静而干练的妇女,受过良好大学教育,唐诺的父亲非常依赖她。

不是精神分裂，也不是智能障碍

自闭症儿童自言自语、孤立在自己的世界里，早期对于这种行为症状有多种不同说法，其中一种认为它与成人精神分裂症很像，因此称之为"原发于儿童期之精神病"。到了1980年之后，观念有了改变，医界发现这两群人在家族遗传性上没有关联，发病年龄及病程也不同，确定自闭症和精神分裂症是两个独立的诊断，属于两种不同的疾病，遂将自闭症归类到"心理发展障碍"。

所谓的心理发展，是指小孩从出生到成年，会逐渐发展出各种不同的能力，包括走路、说话、人际关系、情绪、行为等，这些能力与大脑中枢神经系统的成熟有关系，会随着年龄增长慢慢发展出来。不同年龄有不同的心理发展任务要进行。

当应该发展的能力出现缓慢或异常现象时，就称之为"心理发展障碍"。例如出生时，我们就有健康的舌头和双脚，但是运用舌头说话、运用双脚走路的能力，必须等到大约一岁才开始发展出来。如果到了该说话和走路的时候,却无法做到,出现了迟缓,这就是心理发展障碍。

要如何分辨精神分裂与心理发展障碍呢?

简单的说,精神分裂症大多在青少年或成年以后才发生,通常有很明确的发病起点,有明确的病前与病后的分别,如果不采取任何治疗,病情会持续恶化下去。而心理发展障碍则属于先天性的疾病,在出生时就已存在,发病年龄通常很早,在婴儿期或儿童期,症状就会随着年龄增长而逐渐显露出来。虽然可经由治疗来获得改善,但是即使不予治疗,有些发展障碍到了某一个年龄段,也会自然地好转或减轻,鲜少继续恶化下去。患者也不会出现精神分裂症特有的妄想和幻觉,多半是属于认知、社会、情感、沟通等心理功能上的障碍。

造成心理功能发展障碍的原因,与父母的社会经济地位、教育程度及养育方式都没有直接关系,目前推测与中枢神经系统的生物性成熟有关,也就是属于脑部的疾病。

心理发展障碍有很多种类,最常见的是语言发展迟缓,也就是孩子各方面的表现基本上都没问题，唯独语言能力发展有缺陷。而自闭症儿童则是属于多重障碍，他们往往同时有语言发展障碍、情绪控制不好、人际关系欠佳等问题，又称之为"广泛性发展障碍"（pervasive developmental disorders，PDD）。

> 自闭症状不见得必然是病态、障碍，只要家长耐心教导，配合专业行为训练，自闭症小朋友还是可以拥有属于自己的一片天！

自闭症儿童虽然具有多重障碍，却也可能具有某项特殊天赋。早在十八世纪末，就有报告指出：有些孩子呈现精神衰弱的症状，几乎没有生活自理能力，无法独立生活，但数理及记忆能力却超乎常人之上，遂将这些孩子称之为"智障天才"。

1988年轰动一时的电影《雨人》，就是根据自闭症患者金姆·皮克（Kim Peek）的真人真事改编而成。皮克无法自理生活，人们将他视为智能障碍，安置在疗养院内，后来发现他拥有超强的计算能力，散落在餐厅地板上的一盒牙签，他只需瞄一眼，就能立刻算出正确数量。医生曾故意和他比赛平方根的数学题目，他的答题速度比医生用计算器还要快，但他的特殊天分却无法应用在生活层面，他不会去超市买东西，也不会用加减算式找零钱。

不要以为自闭症就是特殊教育班的那群孩子，已有研究证实，智能障碍与自闭症不同。尽管有自闭症同时患有智能障碍的个案，但临床发现更多的自闭症患者智力其实是没问题的。曾有研究推估，在自闭症患者之中，仅有约10%拥有高智商或特殊能力，也就是说，并非所有自闭症患者都是智能障碍，但也不是个个天才。大多数自闭症患者拥有的智力，与一般人无异，就像在人群之中，大家的智商有高有低，都算是正常的范围。

在美国硅谷，据说有不少计算机工程师或其小孩是阿斯伯格综合征患者，他们的共同症状是拥有不错的智能，社交技巧却很笨拙。在台湾地区也有不少高智商儿童拥有阿斯伯格综合征的特征，这些孩子从小就很会念书，甚至拥有某项优于常人的特殊专长，例如有些大学教授、计算机工程师或医生很会作研究、写报告、设计实验，专业表现令人赞叹，但人际关系却怪怪的，走在路上不太爱理人，鲜少与人打交道，生活能力稍嫌笨拙，有一点高功能自闭症的倾向。

自闭症并不仅局限在某些领域或行业里，不容忽视的现象是，在世界各地、各行各业、不同经济阶级里，罹患自闭症的人数皆有增加趋势。所以，医学界关于自闭症的研究，也如火如荼地展开，希望不久后的未来，我们对自闭症的世界，可以有更深入的了解。

第二章
自闭症儿童的发展特征

年幼孩子的心理发展,可以从语言沟通、社会互动、想象游戏三方面来观察,每个时期有不同的观察重点。

第二章 自闭症儿童的发展特征

自闭症的诸多特殊行为由多重因素互相作用形成，而且每个孩子都有个别差异。想要及早发现并诊断出自闭症，在技术层面上仍有许多尚待突破的困难。

父母与孩子朝夕相处，应该最容易在第一时间注意到子女的异常，难就难在自闭症的症状在幼儿时期并不明显。父母开始意识到孩子有问题时，孩子多半已经两三岁了，对于两三年前的抚养记忆已经非常模糊，因而错过了自闭症发展初期的诊断时机点。

在满周岁以前，父母比较关心宝宝的吃喝拉撒睡，宝宝不理人、不看人、对人缺少反应等情形，并不会特别受到注意。等到小孩长大一点、出现更多征兆之后，一经回想，才懂得原来早在婴儿阶段就已经传出异常讯息。

自闭症的障碍特征，每个年龄阶段都有不同的标准，父母要靠自己的经验来观察并不容易。头胎男婴的自闭症比例较高，但很多父母并不知道，抚育过程只觉得这孩子很乖、不哭不闹，不太需要大人照顾，很好带。等生了老二之后，有了比较，才意识到老二会哭会闹，跟老大很不一样。

尤其是现代双薪家庭的小孩，白天可能是爷爷或奶奶在抚养，在家里只有一对一的互动，不容易察觉孩子的人际互动障碍，除非由有经验的保姆照顾，跟其他小孩比较，或许有机会提早发现。有些小孩是进了幼儿园之后，才在团体里受到注意，老师发现其他孩子很容易完成的事情，却有一个孩子做不到，父母到这时才知道自己孩子的表现与一般孩子不同。

随着儿童门诊的普及，目前自闭症儿童的诊断年龄平均在两岁到五岁之间。其实，大约在一岁到一岁半，一些早期症状已经可以很明显观察出来，例如无法跟父母眼神交流，听到妈妈呼唤时不会转头循声反应，也无法识别父母的手势，无法对外界刺激做出正常反应等。

年幼孩子的心理发展，可以从语言沟通、社会互动、想象游戏三方面来观察，每个时期各有不同的观察重点。下文会以对照表的方式呈现自闭症儿童与一般儿童的比较，帮助父母注意孩子是否出现异常行为。

语言沟通的发展特征：鹦鹉学说话

语言沟通功能的迟滞，是儿童自闭症的主要症状之一。

通常，一岁左右的孩子，可以渐渐说出有意义的单字或声音，一岁半左右字汇量开始增加，会说简单的"我要、我不要"，但自闭症小孩的语言表现则明显落后。

有些自闭症儿童到了两三岁还不太会说话，却可以如鹦鹉般地模仿他人说话，停滞在一种"鹦鹉语"阶段。当你说"肚子饿"，他也跟着仿说"肚子饿"；有的喜欢看电视广告，将听到的广告、歌词、别人的对话储存在小脑袋瓜里，突然有一天像播音机一样"倒带回放"。我的门诊就有一位小女孩非常爱看电视剧《还珠格格》，剧中主角对话的内容记得清清楚楚，连演员说话的声音腔调都学得惟妙惟肖。表2-1列出了语言沟通发展的比较。

表 2-1　同年龄阶段一般儿童与自闭症儿童语言沟通发展情况比较

年龄	一般儿童	自闭症儿童
两个月	·发音、喉音	·安静或哭不停
六个月	·与人面对面时，会发出声音回应	·安静；爱哭
八个月	·牙牙学语，企图性或模仿性发声 ·会注视某人或某物，会运用手指	·安静 ·没有企图性或模仿性发声或动作
一岁	·有意义的单字 ·企图性与回应性发声和动作沟通（有所要求）	·可能有过少数几次有意义发音，后来消失或停滞 ·叫名字不会响应
一岁半	·字汇和词汇增加 ·用动作、语言表达要求 ·两个字的句子出现	·看到有趣的东西，不会用手指给别人看 ·不会玩装扮的游戏（如给玩偶喂奶）
两岁	·字汇和词汇迅速增加 ·会说三至五个字的句子 ·表情、语言、眼神、手指并用来沟通 ·会简单问答、会称呼自己的名字	·大都不理人，或哭闹表达要求，极少数会指、注视 ·语言和互动退步
三岁	·字词汇达一千字左右，会说较长的句子 ·使用"你""我"代名词 ·很会提问，持续互动	·用拉手、动作或重演来表达要求 ·高功能者出现字词仿说 ·有咬字不清、音调怪异等问题

续表

年龄	一般儿童	自闭症儿童
四岁	·复杂的长句,连续互动的语言沟通,语言和动作协调的沟通(人、情境)	·动作模仿、以操作表达要求 ·注视增加 ·仿说句加长、复杂 ·代名词反转 ·不常主动说话
五岁	·复杂且适当的口语和非口语沟通 ·文法正确 ·对嘲讽、开玩笑等隐喻的了解和运用	·口语和非口语沟通增加 ·特殊怪异的沟通 ·代名词反转和仿说 ·缺乏连续互动的沟通、缺乏情绪感受的沟通

社会互动的发展特征：不看人，不求助

社会互动与语言沟通是两个不同的面向，应该分开来观察。例如聋哑小孩虽然听不见，仍然可以跟人互动，唐氏综合征小孩有智能发展障碍，不太会说话，但天性喜欢跟人亲近。襁褓中的小孩在六个月左右，大人若拿着奶嘴跟他玩，或对他吐舌头、逗弄他，一般婴儿已经会做出一些动作来响应，自闭症小孩则没有表情、不太有反应。

门诊常听到父母主诉孩子"不理人、不看人、不怕生、不哭闹"，喂奶时眼睛不看妈妈，逗他笑也没反应，睡饱吃饱后，就自得其乐地看着天花板，玩自己的手。一般婴儿看见父母会手舞足蹈，露出期待大人拥抱的表情，自闭症儿童则不会，表2-2中列出了同年龄段一般儿童与自闭症儿童的比较。

我们的人际互动最早从与身边亲近的人开始。一般婴儿五六个月大后会认人，不愿与熟悉的照顾者分离，出现分离焦虑的现象。自闭症儿童在两岁前很少出现分离焦虑,也不怕陌生人。

一般小孩一岁到一岁半之间会主动跟大人玩,虽然这个阶段还不太会说话,却会找到一种肢体沟通的模式与人互动,表达肚子饿、想喝水或想要抱抱的需求。自闭症小孩则从来不求人,再长大一点,如果他们想要拿橱柜上的食物,会自己想办法搬椅子、爬梯子去拿,即使跌倒受伤也不会哭、不会找大人帮忙。父母初期很高兴,以为小孩懂事又聪明,经过多次同样的行为反应后,才开始奇怪为何孩子不像其他小孩那样会寻求协助及安慰。

孩子都喜欢玩伴。如果带自闭症儿童出门散步或到公园玩耍,会发现他们不太理会其他孩子,不论玩溜滑梯或堆沙堡,都是自己一个人。上了幼儿园,三四岁的小孩开始有交朋友的渴望,会自动融入同年龄的团体,一起玩、排队、抢位子或吵架,自闭症儿童则继续待在自己的世界里,不太会与别的小朋友或老师互动。

> 婴儿在六个月左右,已经可以跟人有互动反应。宝宝若到了一岁、一岁半,仍然不理人、不看人、不哭闹,父母最好带孩子去检查一下,比较安心。
>
> —— 医生小叮咛

表 2-2　同年龄阶段一般儿童与自闭症儿童社会互动发展情况比较

年龄	一般儿童	自闭症儿童
两个月大	・转向声源 ・会对人笑	・"很乖"
六个月大	・给人抱或要求别人抱的反应 ・陌生人反应	・很好带;不必(要)人理 ・哭闹难安抚
八个月大	・陌生人焦虑及分离焦虑 ・呈现动作模仿 ・躲猫猫之类的游戏	・哭闹难安抚 ・退缩;被动接受互动 ・无分离或陌生焦虑
一岁	・主动要求游戏;与大人互动性游戏;会注意大人反应	・不理人、自己玩
一岁半	・平行游戏 ・拿、给别人玩具	

续表

年龄	一般儿童	自闭症儿童
两岁	·平行游戏 ·追逐游戏 ·短暂互动地玩 ·会求救、安慰	·明显退缩；不理人、不看人、不反应 ·缺乏情感表达
三岁	·会轮流、分享 ·追逐游戏 ·帮忙父母 ·献宝；取悦	·少数可分亲疏；少数呈"共生现象" ·莫名其妙地害怕
四岁	·扮家家酒 ·协调、妥协 ·喜欢和不喜欢某些同伴	·少数可追逐、观看别人玩；大部分自己玩 ·模仿仪式性的安慰拥抱
五岁	·交朋友 ·和朋友玩、吵架 ·协调游戏的角色变换	·和大人的互动增加，但有点怪怪的，不亲近 ·重复同样游戏

有些年幼的自闭症儿童会与身边亲近的人产生"共生依赖"的现象，例如只喝妈妈拿的奶瓶，认为妈妈拿的奶瓶才是奶瓶，让妈妈误以为小孩对自己的情感专注又浓厚，做什么事情都一定要有妈妈在身边。自闭症儿童所表现出的这种固执行为，可能只是把妈妈当成一个工具而已，并没有一般亲子情感互动交流的内涵。

医学小常识

平行游戏

　　和别的孩子在同一场所玩同样的玩具，但彼此保持独立的游戏方式，没有相互合作的行为。例如两个小朋友在玩同一组小火车，但各自玩着自己的小车厢，不会把对方的车厢串连起来一起玩。

想象游戏的发展特征：不会玩的孩子

游戏是儿童成长非常重要的学习管道，在"玩"的过程中，儿童通过语言和社交技巧，学习与他人沟通，建立关系，并学习到新的事物。因此，透过游戏可以了解儿童的心理发展进展到哪一个阶段。

如何分辨小孩会不会"玩"？首先要先解释"功能性游戏"和"想象性游戏"。

举例来说，有一种按键式的喇叭音乐玩具，上面缀满闪亮亮的霓虹灯，只要按下键盘，喇叭会自动演奏音乐，打开开关，霓虹灯会转动闪烁。

一般小孩一旦知道如何操作，就会主动去按键盘，让喇叭响起来；摇一摇，让玩具唱歌；伸手去按开关，让霓虹灯一闪一闪发亮。

这样的视觉与动作过程就是在进行"功能性游戏"，代表孩子知道这个玩具的功能。

小孩很喜欢抢走大人手上的电话或手机，模仿大人说"喂喂喂"，这个动作也是功能性游戏，因为他知道手机的功能（可以讲电话）。

如果，他拿起的是一根香蕉，却假装说"喂喂喂"，这就是一种"想象性游戏"，孩子知道香蕉不能打电话，不会从香蕉里传出声音来，只是香蕉的长度、模样与听筒类似，他是在玩香蕉听筒的想象游戏。

一般而言，功能性游戏的能力发展得比较早，想象性游戏的能力发展较晚。功能性游戏的能力如果发展迟缓,可能代表认知能力较弱;想象性游戏的能力若出现迟缓,则可能有自闭症,表2-3列出了两类儿童的比较。

自闭症儿童的想象能力发展得比较差,无法去思考较需要创造力、想象力的事物。一栋两层楼的迷你玩具屋,一般小孩知道这是假的房子,会运用想象力玩扮家家酒的游戏,自闭症儿童却会把玩具屋当成是真的房子,玩一玩会想要爬进玩具屋内。

想象能力也跟社交互动有关。当孩子进入幼儿园和小学,团体生活里的互动规则,需要靠很多的理解力、想象力和沟通能力去掌握,才有办法与人相处和互动,自闭症儿童往往在这些地方遭受到很大的挫折。

表2-3 同年龄阶段一般儿童与自闭症儿童想象游戏发展情况比较

年龄	一般儿童	自闭症儿童
一岁	·功能性游戏(适当的玩玩具)	·喜欢玩自己的手,对玩具没兴趣
一岁半	·假装喝、吃、打电话等日常生活的活动	·反复怪异的动作 ·对某些刺激有特殊的偏好(例如会旋转的东西)

续表

年龄	一般儿童	自闭症儿童
两岁	·喂玩具动物吃、喝等拟人化的玩法 ·假装游戏的种类增加	·反复怪异的动作和玩法：敲、打、咬、闻、排列
三岁	·有计划系列的假装游戏 ·玩具可被替换 ·自发性的假扮游戏	·反复怪异的动作和玩法 ·对某些视动玩具有偏好和特殊能力（辨认符号、字）
四岁	·几个儿童一起玩装扮游戏（扮家家酒） ·以象征物取代实物	·教过的功能性游戏 ·极高功能者可有少数反复个别的简单假装游戏
五岁	·语言和想象的、装扮的游戏结合在一起 ·讲故事、编故事	·功能性玩法增加 ·在自然情境下，自发性、创造性玩法极少

镜像神经元的功能缺陷

自闭症儿童在镜像神经元的功能上,也常有缺陷,父母可以留心观察。

我们如何开始与人互动?让我们先来看一张照片(图2-1)。照片中的妈妈吐舌头,小婴儿看着妈妈,也做出一样的动作。猜一猜这位小婴儿多大了?婴儿在出生多久后可以做出这个动作呢?

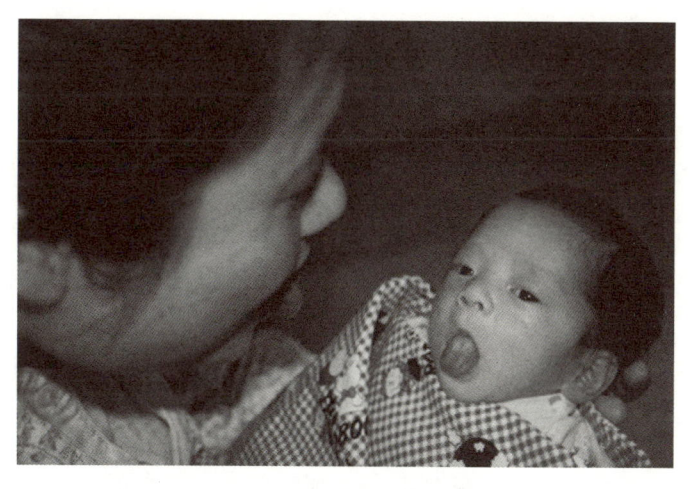

图 2-1 小婴儿跟着妈妈吐舌头

多数人推测的答案，是在快满一岁时。事实上，这张照片拍摄的地点在医院的婴儿室，这个宝宝早产五周，拍照时才出生二十天。根据心理学的研究，这个动作出生后第三周的孩子就会做，所以照片中小孩的行为其实是很正常的。

很多人以为这是一种模仿动作。但模仿有一个前提，例如我模仿你翘脚，我是先看到了你的动作，才学你把脚翘起来，模仿是在有意识之下进行的。刚出生的小孩知道他和妈妈是两个分离的个体吗？他知道自己也有舌头吗？如果把一面镜子放在面前，他知道镜中的影像是自己吗？按常理来推论，小婴儿应该是不知道的，因此模仿的前提并不成立。

既然如此，小朋友吐舌头的动作发生，是什么原理呢？在大脑皮质里，有一组可以反映外在世界的镜像神经元细胞（mirror neuron）。透过它，我们可以观看别人的动作，在脑中重现，有如镜子般投射出同样的动作（图2-2），进一步促使我们理解别人的行为、想法、情绪及意图，让彼此能够沟通交流。

镜像神经元最早是由意大利的研究团队在偶然间发现

的，实验的对象是猴子。研究测试发现，猴子伸手去拿一根香蕉时，脑中有一群神经元会变得活跃，当猴子观看人类伸手去拿一根香蕉时，这群神经元也同样得以激活，这批新发现的神经元似乎让猴子可以在脑中直接映照出人类的行为，因此称其为镜像神经元。

图 2-2　镜像神经元的反射行为（resonance behaviors）

小婴儿可以在脑中映照出妈妈微笑的画面,并做出相同的微笑动作。

科学家针对人类进行了一系列的实验,确定人类也拥有镜像神经元系统。举例来说,当我们去观赏踢踏舞表演,随着舞者脚步运动敲击的节奏感,你的脚也会有想动的欲望,甚至不知不觉跟着打起相同的节拍。这样的反应就是镜像神经元的功能,虽然你知道自己正在观赏节目,不应该乱动,但脑部的神经元已经储存了跳舞的动作,让你不用思考,就有了反射性的反应。这种反应与视觉、动作有很直接的关系。

再回头来看看小婴儿伸舌头的镜像动作,有没有任何意义?

大人们看见小婴儿也跟着你伸出了小舌头,会不会惊喜地大喊可爱,或兴奋地抱起他,给他一个大大的亲吻呢?从演化学来看,镜像神经元的功能是非常重要的。小婴儿的动作很讨喜,对生存很有帮助,脆弱的小动物如果不讨喜,可能就无法得到喂养,这也是为何小朋友都要长得可可爱爱,头圆圆的、脸嘟嘟的、身体胖胖的,这是演化学上的重要存活技巧。

小婴儿当然不知道这些原理,却在不自觉的反射动作中,达到与人互动交流的效果。

图 2-3 的照片中,妈妈拿了一个手指玩偶,逗弄三个月大的小婴儿,小婴儿也伸出自己的小手跟着挥动。

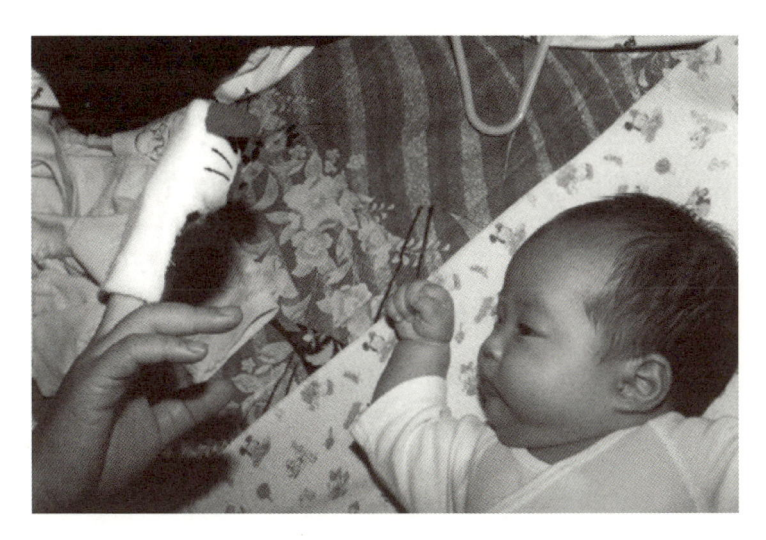

图 2-3 三个月大的婴儿,已经可以伸出小手跟妈妈互动

这个阶段已经出现类似模仿的动作,跟妈妈有了双向的

互动，这也说明社会性互动是与生俱来的，在很小的时候就已经开始，无须特别教导。

然而，对自闭症孩子来说，这些功能却出现障碍。为何自闭症儿童都不理人，什么事都要靠自己，不与他人主动交流呢？研究发现，自闭症儿童欠缺了解他人心意的能力，有可能与镜像神经元的功能受损有关。

通过脑部核磁共振的扫描发现，自闭症患者的镜像神经元细胞皮质厚度比较薄。跟一般孩子比较起来，自闭症患者在观看或学习他人动作时，镜像神经元的讯号处理速度较慢；在感应他人的喜怒哀乐时，镜像神经元的活性也比一般人弱，社交障碍越严重，镜像神经元的活性也越弱。自闭症状的严重程度，与镜像神经元的皮质厚度有相关性。

科学界若能进一步确认脑部特定部位与自闭症的关联，或许就更能做到及早诊断，及早治疗。由此可见，自闭症是一种大脑的天生缺损，对这些孩子来说，要学会与人互动、听从父母和治疗者的指示有所反应、进行模仿及学习，确实相当困难而辛苦，需要大人们付出更多耐心和理解，来一步一步帮助他们。

> **医生小百科**
>
> 小孩子有许多反应是为了讨大人的喜欢、赞赏。从跟孩子的互动中，可以观察孩子的社会化功能。

第三章
自闭症儿童的行为特征

自闭症儿童的行为特征可从人际关系的障碍、语言和沟通的障碍、行为的同一性三方面来观察。不过这些特征会随着年龄、智能以及学习环境的变化而不断改变。

第三章　自闭症儿童的行为特征

自闭症儿童经常出现乱发脾气、挑食、固执等情绪问题，但这些问题在其他孩子身上也会出现。所以，要判断自闭症儿童的行为特征，主要可以从三方面来观察：人际关系的障碍、语言和沟通的障碍、行为的同一性。

上述三种障碍的行为特征，会随着患者的年龄、智能、后天学习环境而不断改变。举例来说，有些自闭症儿童在一两岁时喜欢玩转圈圈的游戏，三四岁之后就不再转圈圈，改排积木，排出来的图案永远都是一排排整整齐齐的，无法做出其他有想象力的排法。等再长大一点，兴趣又改变了，最常见的是喜欢收集和背诵大众交通工具的时刻表。

自闭症儿童很喜欢有规则、有系统的东西，很容易变成铁道迷、捷运迷。有一位三岁自闭症儿童很迷隧道，还不太会说话的他，却可以把北二高所有的隧道长度记得清清楚楚。

人际关系的障碍

自闭症儿童严重欠缺社交与人际关系的能力,"冷漠、我行我素、独来独往"是自闭症患者给人的普遍印象。不理会身边的人,不依从指令;无法觉察他人的想法,也不会表达自己的情绪;受欺负时不会找人诉苦,受到赞美也面无表情;不会依恋父母,父母不在身边也不会哭泣或寻找,对人没有亲疏远近之分。

一般人常以为自闭症儿童是刻意不看人,回避视线接触,事实上他们的眼睛已经迅速瞥过眼前的人、事、物,只是视线很短暂,不会特别停留。他们不是刻意拒绝眼神接触,而是不懂得如何运用视线来与人们进行"非语言"的沟通,也不会觉察他人的表情,因而留下"眼神回避"的印象。自闭症患者很少发展出与同辈或异性的友谊关系。他们在团体里经常表现出不符合当下情境的情绪行为,无法了解团体活动的规则,不会主动攀谈或分享感兴趣的事物,说话表情呆滞,没有明显的喜怒哀乐,刻意避免接触到他人的身体,但有时候又喜欢去碰触别人的脸颊、手臂或头发等特定部位,反而容易引发误解。高功能自闭症儿童的某些特殊行为模式,常会随着年龄增长而明显减轻或改善,但基本上,还是会残留社交性的人际关系障碍,例如和同辈交往时显得笨拙,不知如何倾听他人谈话,无法体会他人情绪,无法适当表达自己的感觉,也不太懂得如何回报别人的恩惠,给人缺乏同情心的印象。经常陷入沉思或发呆,让人以为不容易亲近。常常在社交场合做出怪异的行为举止,也阻碍了他们与他人建立友谊。

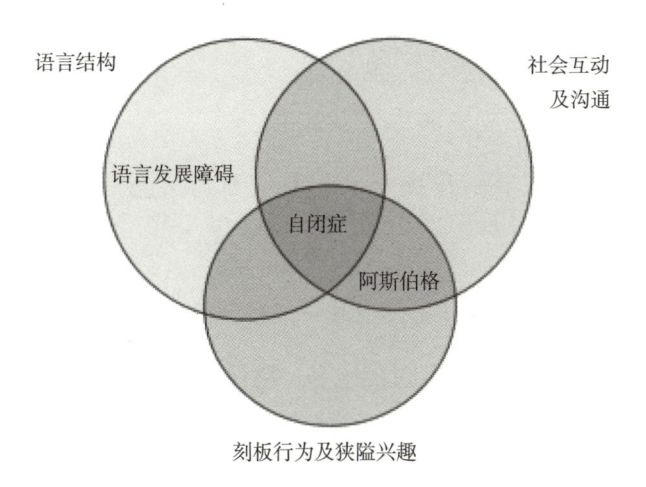

图 3-1 自闭症诊断的三大基准

台大医院前精神科主任宋维村医生在退休以前，每一年都聚集几位高功能自闭症孩子一起吃饭，分享生活近况。自闭症患者的互动形态，通常是各说各话，坐在圆桌围成一圈却谁也不理谁，没有互动的火花或交集，总是宋医生向某个孩子问安，那个孩子就回答一句，维持单线的互动。

但是有一次，神奇的事情发生了。宋医生问候某位孩子暑假做了哪些事情，那孩子回答说，爸妈带他去环岛旅行，开车走一号省道。

另一位孩子听到"一号省道"，马上兴奋地问对方："你知道一号省道是从哪里到哪里吗？"

第三位孩子立刻举手："我知道！"

紧接着又有一位孩子接着说："那你知道二号滨海公路吗？"

这一话题瞬间引起在场每一位自闭症儿童的高度兴趣，大家纷纷把各条道路经过的地名一路说下去，如数家珍，场面非常热络，宋维村医生反而成了插不上话的局外人。

所以，当自闭症患者碰到感兴趣的事物时，他们的表现其实非常热络，会积极与人互动。只是他们感兴趣的事物非常局限且狭隘，别人通常没有兴趣，引不起互动的火花。自闭症儿童的人际问题，每一个年龄阶段都有不同状况，小学生有小学阶段的问题，青春期有属于青春期的问题，大学阶段就像一个小社会，又会衍生出特殊的沟通问题。临床经验显示，一般来说，青少年时期是最难处理的阶段。

医学小常识

自闭症儿童在人际关系障碍上的主要行为特征

1. 缺乏认识自己与他人关系的能力；缺乏基本社交应对的能力。
2. 不理人、不看人、对人缺少反应、不怕陌生人。
3. 不容易和家人建立亲密关系。
4. 缺少模仿学习的能力，无法和小朋友一起玩耍。
5. 难以体会别人的情绪和感受，无法以一般人的方式表达情感和情绪。

我曾经遇见一位初三资优班学生，成绩名列前茅，是高功能自闭症。

他很迷恋外星人传说，相信外星人曾经在地球上建立出伟大文明，逢人就兴奋地说起金字塔、万里长城与外星人的神秘关联。但他的同学们只关心偶像明星，看到他就闪得老远，很不耐烦听他讲那些故事。

有一次，一群同学临时起意想要捉弄他，故意问他金字塔的故事，他傻傻地以为大家有兴趣，便口沫横飞滔滔不绝讲个没完，在场的同学却哄堂大笑，搞了半天他才弄懂别人是故意取笑他。这种情绪累积到一定程度后，每隔一段时间他就会莫名其妙地大发脾气，摔坏全班椅子，导致人际关系变得更差。

这孩子后来凭着优异成绩被保送进入高中，升高二那一年暑假回诊，医生问他最近好不好，他承认自己的人际关系没有特别改善，但是高中同学比较友善，不会那么粗鲁，不再有人故意戏弄他。

这则故事说明了人际关系是有阶段性的，也许在未来的人生过程中，这孩子的人际关系无法大幅进步，但只要身处的环境是友善的，他的行为表现也会得到改善。他们或许不适合担任业务员或从事服务业，但如果是工程师、研究员、教授、医生等需要专业技术的职业，工作表现不需要太依靠人际关系或口语交流能力，他们就可以发挥所长，活出属于自己的人生。

> 自闭症患者的人际问题需要社会大众多体谅包容,只要环境友善,他们就可以学习与人共处,逐渐稳定和进步。

医生小贴士

语言和沟通的障碍

从心理发展能力来看,一般孩子在六个月大就能够和大人有互相注视、微笑、游戏、模仿、依附等互动的行为,大约在一岁开始学习讲话。而自闭症儿童的语言发展普遍比较落后,通常两三岁还不太会说话。研究显示,高达50%的自闭症儿童无法发展出具有沟通功能的语言能力。

语言发展和认知发展之间有密切关系。在学会说话之前,一般孩子会模仿父母的语言及行为,从而建立对日常生活事务的理解能力。自闭症儿童的认知理解能力发展比较慢,无法了解父母的语言或行为,也不会有模仿的动作,若想要某样东西,只会不出声地用手指着东西,如果呼唤他的名字,他仿佛没听到,不知道是在叫他,也无法响应父母要求的简单指令。

自闭症患者的语言困难,主要在于无法适情适时适地运用自如。即使有语言能力,往往也会咬字不清楚,发出令人无法理解的语音,声调缺乏变化,内容缺乏弹性和想象力,或发明特殊的语句用法及词汇，意义难以辨识，旁人无法理解。

高功能自闭症儿童的语言发展，基本上是没问题的，但普遍缺乏想象力，也因为无法理解别人的情感，而缺少双向的交流互动。

进入小学之后，高功能自闭症儿童开始面临语言发展障碍的另一种问题，他们可以靠记忆力轻易写生字、背诵解释、挑错字，但是碰到需要想象力和创造力的造句、作文时，因为无法理解文字背后所描述的抽象事物及意义，造句的用字遣词会出现许多错误，作文也会出现不断重复的句子。

这种缺陷会一直延续到成年。他们能够认识很多文字和词汇，却无法活用语言，在阅读上也有类似困境，因为缺乏对文字涵义的理解能力，他们可以看得懂小说故事，却无法理解书中主角的情感、心理和行为。

医学小常识

自闭症儿童在语言和沟通上的主要行为特征

1. 在了解他人的口语和肢体语言方面,存在不同程度的困难。
2. 常表现出鹦鹉式仿说、代名词反转、答非所问、声调缺乏变化等语言特征。
3. 有些孩子缺乏语言能力,无法清晰说出有意义的话语,也无法表达自己。
4. 缺乏对他人情感和情绪的理解,无法透过语言和肢体,与他人交流互动。
5. 对文字涵义缺乏理解能力,阅读时,可以看懂故事,却无法了解故事主角的行为动机和情感。

行为的同一性

自闭症孩子会有固定的、重复的行为模式。有些孩子会对日常生活的细节有特别要求，如固定的睡觉仪式、看固定的电视节目、出门走固定的路线、每周有固定的活动行程，或只吃妈妈拿给他的食物、只吃某几样食物等。有些孩子则是每天重复问一个同样的问题，坚持父母要用固定的方式回答，若不配合就会暴怒、大吼大叫。

有些孩子对于玩具或游戏自有一套钟爱的特殊玩法，或专注在玩具的某个零件上。年幼的自闭症儿童偏好会旋转、发亮、发出声音的东西，如转圈圈、宝特瓶、冲水马桶、撕纸、沙子等。一般小孩玩模型车，会幻想车子奔驰的情景，并模仿引擎声，自闭症儿童的玩法却不同，他们会把模型车倒过来，专注在玩轮子，或注视车轮转动，或把车子排成整齐的一列，不会去玩有想象力的游戏。

每一位自闭症儿童都有自己的特殊行为。我在门诊遇见一位小朋友很喜欢用手转东西，无法停止，任何东西在他手上总有办法旋转起来,他觉得这样很好玩,旋转的动作刺激视觉上的快感,有运动晕眩的感觉。长大后这些行为会逐渐消失,转为沉迷于搜集塑料袋、广告纸、时刻表,或拆卸钟表、收音机等机械。

自闭症孩子对于感兴趣的事情会全心全意投入。他们游戏时总是自己一个人玩,不会玩角色扮演类游戏;喜好机械式、反复性的方式,无法像一般孩子那样去模仿、想象;对

于光影、气味、触感、声音有偏好；会发亮、闪烁的东西总能吸引自闭症孩子的注意力，如霓虹灯、红绿灯等交通标志；喜欢照镜子、对镜子扮鬼脸；喜欢踮着脚尖走路，拍打手，摇晃手或手指，扭曲手指头，一直盯着手或某样东西看好长一段时间；坐着或站着的时候，身体会前后摇晃，或快速地跑来跑去；喜欢拍打、踢、咬、抠自己身体的某个部位等。

医学小常识

自闭症儿童的行为同一性

1. 和一般儿童不同的固定习惯或玩法。
2. 出门走一定路线，特殊固定的衣食住行习惯，环境布置固定。
3. 狭窄而特殊的兴趣。
4. 玩法单调反复，缺乏变化。
5. 稍有改变，就不能接受而抗拒、哭闹。

发展停滞与退化的严重性

很多自闭症儿童的父母都是在孩子三四岁之后，才察觉出异状，前来求医。门诊时，常常听到父母亲说无法理解小宝贝在一两岁时明明各方面都很正常，会说话、会跟人打招呼，也会主动找人玩耍，后来为何变成了自闭症。在孩子的成长过程中，到底哪个环节出了问题，让原本健康无碍的孩子，仿佛被一只神秘的手启动了致病密码，突然出现发展停滞或退化的现象？原本已经发展出来的能力，为何全消失不见了？

研究数据显示，自闭症儿童中，将近一半有发展停滞或退化的现象。多半是语言能力率先出现退化，伴随着社交退缩、眼神交会减少、丧失对他人语言的反应能力。这种现象经常发生在大约十五个月到十九个月大的时候。

医界原本认为，自闭症在婴儿出生时就已经存在，因此不太相信一岁半以前完全正常的婴儿，会突然出现发展停滞或退化，推测是家长的记忆错误，或是因为头胎的生养经验不足，而有了错误判断。为了排除家长记忆错误所造成的干扰，20世纪90年代进行了一项追踪调查研究，结果医界惊讶地发现，发展停滞与退化的现象确实是存在的。

这个研究的做法是追踪高危险群的小孩，挑选自闭症患者的弟弟妹妹为追踪对象，在他们出生后立即展开行为记录，每隔几个月进行一次评估。研究证实这些高危险群孩子有一半以上出现退化或停滞的现象。他们在一岁以前发展正常，几乎看不出来有自闭症，但到了一岁半之后，原有的语言、互动等能力出现了变化，逐渐呈现出典型自闭症的症状。

越来越多的临床案例也显示，发展停滞或发展退化的情况不是特例。一个原本健康稳定发展的儿童为何会突然退化，甚至变成自闭症？目前尚不清楚，这也让医界感到困惑和忧心。

第四章
自闭症的诊断

　　自闭症并不限于孩提阶段才能诊断，任何年龄都可以到医院求诊。及早接受治疗与行为训练，对自闭症孩子绝对大有帮助。

第四章　自闭症的诊断

DSM-5 的最新分类标准

关于自闭症行为特征的分类，到了 2013 年 5 月，美国精神医学学会（American Psychiatric Association, APA）出版的《精神障碍诊断与统计手册》第五版（The Diagnostic and Statistical Manual of Mental Disorders，简称 DSM-5），有了一些新的修正，将自闭症由原来的"广泛性发展障碍"之中重新划分到"神经发育性障碍"之下，并将原本的三个临床诊断标准——"1. 人际关系的障碍；2. 语言和沟通的障碍；3. 行为的同一性"，合并为两个临床诊断——"1. 社交沟通及社会互动上的缺损；2. 固定的兴趣及重复的行为"。而且在这两个类别内，皆依严重程度而分为三级（请参考表 4-1）。

新的诊断观念认为，人际关系和语言沟通上的缺陷，无法分开讨论，所以合并成同一个类别来进行诊断。而且，语言的缺陷并非自闭症特有，也不是出现在所有自闭症患者身上（例如阿斯伯格综合征患者通常有较佳的语言功能），所以语言障碍只是影响自闭症症状的因素，而非诊断的标准之一。

DSM-5 的最新诊断标准，简述如下：

· 社交沟通及社会互动上的缺损：

1. 在社交情绪的互动上存在缺陷，其严重程度从异常社交接触及无法双向对谈；到较少兴趣、情绪或情感的分享；到无法发起社交互动，或无法对社交互动反应。

2. 在社会互动上，非语言沟通行为存在缺陷，其严重程度从整合不良的语言及非语言沟通；到眼神注视及肢体语言异常，或无法理解及使用手势、姿势；到完全缺乏脸部表情及非语言沟通。

3. 发展、维持及了解人际关系存在缺陷，其严重程度从无法调整行为以符合各种社交情境；到分享想象性游戏及交朋友方面有困难；到对同辈完全缺乏兴趣。

· 行为、兴趣或活动的局限、重复形式：

1. 刻板或重复的动作、物品使用或言语。

2.坚持同一性，过度执着于常规，或仪式化地使用语言或非语言的行为。

3.非常局限及固定的兴趣，强度或焦点异常。

4.对于感觉刺激的输入过度反应或反应不足，或对于环境中的感觉刺激有异常兴趣。

·症状必须存在于早期发展时期（但症状可能不会完全显现，直到环境或情境中的社交要求超出其受限制的能力时，或可能被后来在生活中习得的策略所掩盖）。

·症状造成眼下在社交、职业或其他重要领域的功能，在临床上显著缺损。

根据自闭症疾患的严重程度，分级如表4-1：

表 4-1 自闭症疾患的严重程度分级

自闭症疾患的严重程度	社交沟通	局限重复性的行为
程度三 需要非常大量 的协助	语言及非语言能力的社交沟通技巧严重缺损，严重影响社交互动；在发起社交互动方面有极大困难，对于他人发起的社交互动鲜少有回应	行为缺乏弹性、极难以面对改变或其他局促重复行为明显地影响所有领域的功能。当其焦点或行动被改变时，会显得非常受挫、非常困难

续表

自闭症疾患的严重程度	社交沟通	局限重复性的行为
程度二 需要大量的协助	语言及非语言能力的社交沟通技巧明显的缺损，即使在支持的环境下，也会出现社交互动的缺损；在发起社交互动方面有困难，对于他人发起的社交互动较少或出现异常的响应	经常出现行为缺乏弹性、难以面对改变、或其他局促重复行为，连一般人都看得出来，且在多种情境下，明显地干扰功能。当其焦点或行动被改变时，会显得受挫、很困难
程度一 需要协助	在没有他人协助的情形下，在社交互动上会出现显而易见的缺损；在主动发起社交互动方面有困难，回应他人发起的社交互动时，会出现异常的情形；可能会出现对于社交互动不感兴趣的情形	在一种或多种的情境下，行为缺乏弹性，明显干扰功能。活动之间难以转换。组织或计划的困难造成独立行动上的妨碍

此外，DSM-5 也修正了自闭症的族群分类。我们将在后文中详加说明。

第四章　自闭症的诊断

从广泛性发展障碍到自闭症光谱

什么是自闭症？不会说话、不理人、爱转圈圈……这就是自闭症吗？临床门诊看得越多、诊断得越多，对自闭症的复杂多变反而越觉困惑。有的孩子背诵电视广告一字不漏，却正眼都不看人一眼，这是自闭症；有的孩子整天黏着妈妈，随时要妈妈抱着、和妈妈形影不离，这也是自闭症；那么，当孩子开始学会说话、愿意看人，自闭症的确诊是否可以取消、删除？

自从肯纳博士提出自闭症这个疾病，多年来，诊断标准一直不断修正和变动，有一阵子特别严谨，于是自闭症就成了严重而罕见的疾病，有一阵子又变得比较宽松，于是所有"怪怪的"孩子都可以归类到自闭症名下，让这个族群的人口突然大增。

近几年来，世界卫生组织及美国精神医学学会的诊断标准逐渐趋于一致，自闭症的诊断已经有了相当程度的共识。在疾病分类上，自闭症属于"广泛性发展障碍"，共有五个类别，其中有三类跟自闭症相关。

典型自闭症（autistic disorder）

通常在三岁之前就出现明显症状，包括社会互动、语言沟通、想象性游戏、固定行为等障碍，有狭隘而特定的兴趣。

阿斯伯格综合征（Asperger syndrome）

这群儿童在早期发展上，语言及认知发展没有太明显的落后。主要症状在于社交沟通的缺损，交谈技巧非常拙劣，无法顺畅使用社交语言，理解和表达情绪有困难。也会有局限且重复的兴趣和活动模式，此特征和典型自闭症一样。

非典型自闭症（atypical autism）

有些儿童的发病年龄较晚，在三岁以后才表现出来。有些儿童的症状不完全符合自闭症诊断的三项要素，也不属于阿斯伯格综合征。其中一个例子发生在极重度智能不足患者身上，因为其功能非常低，导致无法诊断出自闭症所属的特定偏差行为。简单来说，如果诊断不符合上述两类，症状却有重叠，而且呈现心理发展上或生活上的功能障碍，就归类在非典型自闭症。

雷特综合征（Rett syndrome）

只发生在女童身上。原本发展正常，一到两岁时开始呈现多方面的退化，通常最先被注意到的是肌肉失去张力，四肢萎缩，精细动作与大动作失调，不自主流口水等特征。与自闭症的一些症状雷同，如回避视线、反复扭绞手指、强烈固着行为，有时会有痉挛、癫痫，但绝大部分没有语言及社会互动能力，智能低下，无生活自理能力。目前已确认其遗传上有缺陷的基因位置，和自闭症显然不同。

儿童期瓦解性障碍（childhood disintegrative disorder）

是相当罕见的疾病。在两岁之前发展正常，病发之后，语言能力的崩解特别明显，通常会失去生活自理能力，大小便失禁，智力逐渐下降，神经系统出现障碍，常伴有癫痫症状，偶尔出现幻觉、幻听或自伤行为。鲜少能够痊愈恢复。

DSM-5 的重大修正：取消阿斯伯格综合征

在 DSM-5 中，针对上述分类，也有了新的修正，由"广泛性发展障碍"（PDD）改为"自闭症谱系障碍"（Autism Spectrum Disorder, ASD），将上述五个类别全部取消，除了雷特综合征之外，其余四类都归属于自闭症光谱之下。

新的诊断观念认为自闭症的行为和症状，就像光谱分布的连续现象。DSM-5 的负责团队认为，这样的诊断描述及分级一方面将更贴切反映整个 DSM-5 强调层面式（dimensional）的思考，另一方面也反映过去数十年关于自闭症之异质性、多层面及光谱分布式的特征表现的研究成果。

由于阿斯伯格综合征患者日益增多，DSM-5 取消阿斯伯格综合征的独立诊断，引起许多争议，许多家长担心会影响到孩子接受诊断和治疗的权利。

面对社会大众的疑虑，DSM 的官方网站特别做出以下声明："研究发现，临床诊断时对这些次类别的界线十分模糊，

第四章 自闭症的诊断

跨医疗院所之间对同样的症状常有不同的诊断。表示这几项类别可能并不是截然不同的形态,而只是轻重程度不同的症状,因此没有区分为不同类别的必要。"此外,美国精神医学学会也强调:类别的取消并不是为了降低诊断人数,已经被诊断为阿斯伯格综合征的患者,任何权益绝不会因而受损。学会列出了一些数据来减轻人们的疑虑:一项调查研究显示,依据DSM-5所鉴定出来的自闭症儿童,有91%和以DSM-Ⅳ鉴定的结果是重叠的,表示新的诊断标准并不会降低鉴定的敏感度。

虽然DSM团队一再保证:取消类别并不会将阿斯伯格患者排除于诊断之外,而是放在一个涵盖较广的病名之下。但是,家长们担心的另一件事是,消除病名仍可能会影响到未来科学界对阿斯伯格的研究兴趣与了解,让它渐渐式微。全美国最具知名度的自闭症患者,任教于科罗拉多大学的动物学家天宝在接受《纽约时报》访谈时就表示:"阿斯伯格综合征已经是深植人心的一个名词,不应该将它抛弃,同时,阿斯伯格患者群是一个很大的团体,这就值得将这项诊断留在 DSM 中。"

对台湾地区的读友和患者来说，DSM-5 是否会带来类似的争议和困扰？可能需要一段时间观察。不过，我是认为不需要太担心。因为自闭症无法依靠医学检验来诊断（例如验血、超声波检查），还是要从行为观察来进行临床诊断，阿斯伯格患者确实拥有许多自闭症的相关症状，在治疗的权益上，应该不会受到太大的影响。

第四章 自闭症的诊断

适当的诊断年龄

DSM-5 不再如 DSM-IV 那样规定症状须于三岁前出现，而仅注明症状须于儿童早期出现，但特别指出"有可能在社会互动上的挑战超过其有限的能力时才完全呈现"。

主要症状的分类，从 DSM-IV 的三大特征改为两大特征，也就是将原本的社交互动缺损与沟通缺损二者归为同一大类，而局限重复行为及兴趣本身仍为另一大类特征。

在社交及沟通缺损方面的症状，将 DSM-IV 的症状描述重新整理，分为社会情绪相互性缺损、社交用的非语言沟通行为缺损，以及发展与维系关系的能力缺损三类。

在局限重复行为及兴趣方面的症状，除保有 DSM-IV 原已纳入的行为特征外，首次清楚标明"对感觉刺激过高或过低的反应性"为感觉症状的一部分。

由于自闭症患者的能力表现变异性很大，并非所有案例都可以在三岁以前被成功诊断出来。许多非典型患者经常在家庭、学校和医院之间奔波游走，却无法得到一致性的诊断结果，甚至某些症状算不算自闭症，连医界也意见分歧，莫衷一是。对于诊断困难的个案，不少医生都有这样的临床经验：自己在同一份病历表上，于不同时间注载了不同的诊断名称。

自闭症并不限于孩提阶段才能诊断，任何年龄都可以到医院来求诊。有些能力表现杰出的高功能自闭症患者，甚至在成年以后才意识到自己存在已久的症状，前来向医生寻求确认。碰到这种情况，医生会跟他一起追溯儿童阶段的早期症状，寻找可以帮助诊断的蛛丝马迹。

我曾经碰过一名三十多岁才确诊出来的阿斯伯格综合征患者。这位患者从小数理能力优异，高中考上职业学校，高一时就把普通高中三年的数学自修学完，高三时又读完大学数学系的课程内容。看到这里，许多人一定以为他的在校成绩名列前茅，实情却非如此，他的成绩始终不太好，原因在于他不喜欢听从老师的指示，也不愿意完成老师规定的作业，他对别人交代的事情通通没兴趣，只做自己想做的事情，成绩分数当然很低。

这是非常典型的行为：不喜欢听从指示和命令，无法理解和遵从团体的规则。

高中毕业后，他先后考上两所大学，通通没办法毕业。大学肄业以同等学历报考研究所，分别考取理工和哲学研究所，情况还是一样，他不愿意去做老师交代的实验，拿不到分数，没办法拿到学位，即将去当兵。

门诊时，我问他这辈子有几个好朋友？他想了想，回答只有一位，就是那位诊断出他是阿斯伯格综合征的医生。从小到大，老师、同学和家人全都把他当成怪胎，他也从来没有结交到谈得来的好朋友，只有那位医生是极少数真正懂得他的人。

随着儿童门诊的普及，以及少子化社会的来临，父母对孩子的关注加深，发现孩子有问题的年龄已经大幅提前。及早发现，及早接受治疗与行为训练，对自闭症孩子绝对是最好的开始。

平常与异常的界线

自闭症的临床诊断,以观察人际关系为主,其他因素是比较次要的。但是,人际关系的笨拙和焦虑,每个人多少都有,要如何判断一般人与异常的分界?许多"怪怪的"性格和行为,是否可以归类进来呢?

举例来说,当我们进入陌生环境,内心通常会紧张不安,甚至手足无措,不知如何是好,有人会紧张到行为怪异起来,例如动物学家天宝博士遇到压力会躲进箱子里寻求安全稳定的感觉,这种类似的行为在一般人身上也会出现(例如一定要抱着熟悉的毯子才可以睡觉),只是程度的差别而已。

还有个常见的例子是参加婚礼时,如果不认识同桌的人,常常你瞪我、我瞪你,找不到话题可以聊,感觉很尴尬。现在智能手机普及,很多人就变成低头族,各自忙着发简讯、上脸书打卡聊天。在需要社交互动的热闹公众场合里,却刻意孤立和抽离自己,依附在小小的网络世界里,这样的举动算不算"怪怪的"？这样是没问题的吗？

互联网的发展，为人类的生活形态带来巨大影响，人际关系和沟通模式也产生很大的转变。网络世代的年轻人不喜欢出门，在家都躲在自己房间里，不爱搭理父母或家人，在现实生活中与人互动的社交能力越来越迟钝，说话变得结结巴巴，对很多事情都意兴阑珊，可是只要打开计算机，精神

就来了,好像变成另一个人,朋友全在在线虚拟游戏的那一端,可以挂在网络上直到天明,这种"怪怪的"情况,跟非典型自闭症是否也有几分类似?

临床诊断的主要关键,在于这些"怪怪的"行为是否造成功能性的障碍,是否会影响在家庭、学校、职场上的人际关系。有些孩子从小不肯吃蔬菜,父母把蔬菜切碎拌在饭里面,他们还是有办法把蔬菜全部挑出来,这样算不算是固着性行为?简单来说,除非不吃青菜的行为导致了严重营养不良或引发疾病,才算是有了功能性障碍。如果不吃蔬菜而缺乏的营养素,可以通过其他食品补充,没有造成健康上的困扰,就还在可接受范围。

自闭症的诊断还有一个常见的困扰,就是它的症状会随着年龄而不断变化。例如孩子在两岁时完全不看人、不理人、不会说话、爱转圈圈,到了六岁,开始会说简单的话,会注意人,但不知道如何和同龄孩子玩游戏,不再转圈,却开始迷恋于熟记及辨认汽车厂牌。有些孩子在年纪稍长后,发展能力又几近正常。在病与非病之间,确实存在着模糊的灰色地带。很多父母最关心的是,自闭症儿童长大以后,病情会不会好转?这是很难回答的问题。每个孩子的发展和进步程度难以预测,有些父母在饱受挫折灰心之余,突然惊讶地看到孩子有所进步,也有些父母的经验刚好相反。

如果读过天宝博士的自传《星星的孩子》,会发现天宝这位重度自闭症患者在不断成长进步,她四岁才学会说话,老师曾经视她为智能障碍和麻烦人物,后来却可以教书、演说和写作,完全自立生活,对社会有伟大贡献,虽然她身上还是流露出明显的症状,但生活能力却几乎与常人无异。这当然主要是靠她的自觉与持续的努力。她的故事带给许多父母和患者很大的鼓舞,也模糊了自闭症与常人之间的界线,刺激我们产生新的眼光和思考。

经由治疗与行为训练,自闭症孩子还是有机会自立生活的。

医生小贴士

心理理论的测试

所谓的"心理理论",用简单易懂的说法,或许可以称之为"读心术",也就是站在他人的角度去体会对方的想法和行动。如果无法成功发展出心理理论的能力,就无法了解别人,也较难在社会上和团体中生存。这正是自闭症患者面临的困境之一。

以下有几道小测验,猜猜看你的答案是什么?在此必须先澄清,答对不代表聪明,答错也不是笨,这些测验的重点在于比较自闭症与一般人的不同之处。科学家在进行测验时,除了检视答案的正确与否,也会在自闭症患者的头部戴上仪器,以了解自闭症患者的脑部运作情形。

第一题：莎莉会在哪里找球？

莎莉　　　　　　　　　　安

莎莉把球放入篮子

莎莉离开

安把球移到靠近她的箱子里

莎莉回来了，会在哪里找球

一般来说，年满五岁以上的儿童，有九成可以正确回答"在篮子里"。同样拥有五岁语言能力的自闭症儿童，却有超过九成都回答"在箱子里"，仅有不到一成答对。询问自闭症儿童："为何莎莉会在箱子里找球？"他们根据自己眼睛所看到的，认为球已经放在箱子里，莎莉当然应该到箱子里找球。即使提醒他们："安把球放入箱子时，莎莉有在旁边吗？莎莉知不知道球已经移到箱子里？那么莎莉会在哪里找球呢？"得到的答案还是一样："在箱子里。"他们的理由仍旧是："球已经在箱子里了啊。"

自闭症儿童可以听得懂这个题目，理解能力没有问题，他们也知道安在莎莉不在场时把球移到箱子里去，症结在于他们无法站在莎莉的立场去思考这个问题，只会从自己的角度来回答。

第二题：照片上，猫在哪里？

① 猫在椅子上，茉莉拿相机拍摄卧房里的猫咪

② 茉莉把照片拿给爸爸

③ 爸爸把在椅子上的猫咪放到床上去

④ 照片上，猫咪在哪里呢？

这张图跟上一题类似，猫本来是放在椅子上，后来茱莉的爸爸将它移到床上，因此，照片中的猫在哪里？答案是"在椅子上"。

这一题，自闭症小孩不但答对，正确率甚至比一般小孩更高。

为何自闭症小孩第一题不容易答对，第二题却可以答得好呢？原因在于自闭症小孩无法理解别人心里的想法，却对机械原理有特殊偏好，非常熟悉相机的操作，因此可以很快回答。

第三题：请分辨左边和右边，分别是什么字？

```
      H              A        A
     H H             A        A
    H   H            A A A A
   H H H H           A        A
   H     H           A        A
   H     H           A        A
小 H 构成的 A      小 A 构成的 H
```

这是大字母与小字母的测试。大部分人的答案：左边是 A、右边是 H。自闭症患者通常最先回答小字的部分，也就是左边是 H、右边是 A。一般人比较先注意整体，忽略细节，自闭症患者却比较容易专注于细节部分。

根据实验结果，自闭症小孩会比一般小孩表现得好。

第四题：请回答下列图片的问题。

（1）	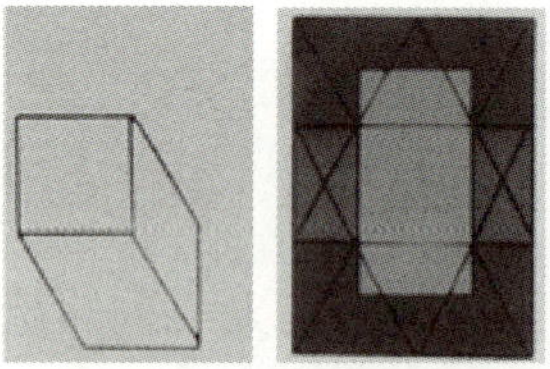	能不能从右边的图案中找到左边的图形？
（2）		左右两个圆形是否一样大？
（3）	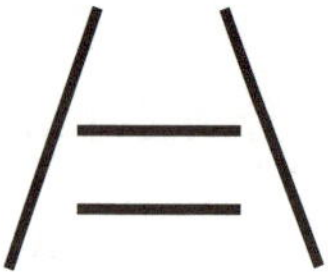	左图中，上下两条横线哪一条长？
（4）	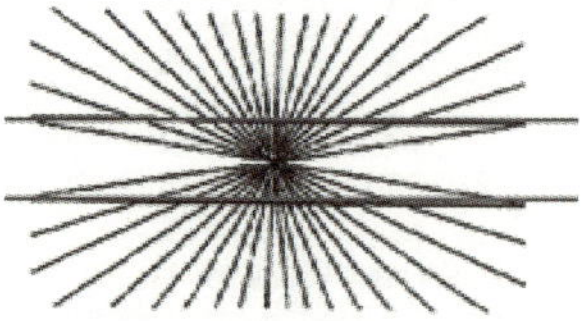	左图中，上下两条直线是平行的吗？
（5）	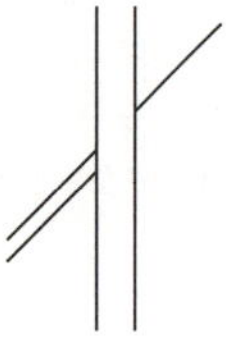	左图中，右边的斜线应该接左边的哪一条？

第四章 自闭症的诊断

一般人在看这些图片时,容易受到周边信息干扰而产生错觉,自闭症小孩比较不会受到干扰,答对率高,答题速度也快。

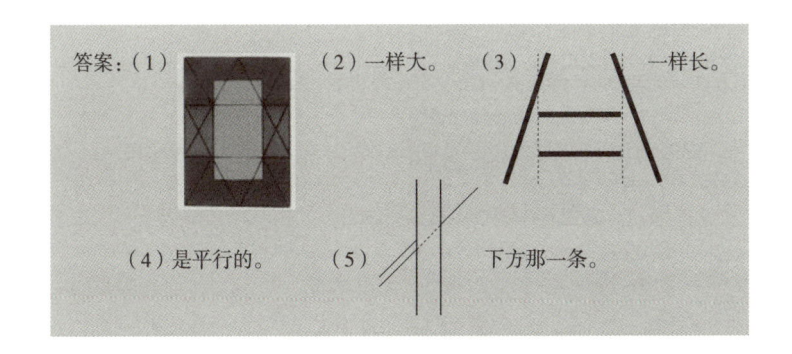

答案:(1)　　　(2)一样大。　(3)　　一样长。

(4)是平行的。　(5)　　下方那一条。

第五题:眼神追踪。

呈现一系列的眼神图片,请受测者回答,这些眼神代表哪些情绪?例如:恐惧的,善良的,悲伤的,友好的,不安的,指使的,焦虑的,等等。

结果发现,自闭症患者较难判断人们的脸色,也无法从他人的眼神去判读情绪讯息,这会造成人际关系的障碍,因为他们不会看脸色,也无法阅读别人的非语言讯息,不是显得过度坦率到乱说话,就是让人误以为他们冷酷、没有同理心,人际技巧很笨拙。

儿童自闭症父母自助手册

第五题：眼神追踪。

（1）		a. 嫉妒的 b. 恐惧的	c. 放松的 d. 憎恨
（2）		a. 憎恨 b. 惊讶	c. 善良的 d. 作对
（3）		a. 不厚道的 b. 作对	c. 令人惊讶的 d. 悲伤的
（4）		a. 友好的 b. 悲伤的	c. 令人惊讶的 d. 焦虑的
（5）		a. 放松的 b. 不安的	c. 令人惊讶的 d. 兴奋的
（6）		a. 感觉抱歉 b. 让某人做某事	c. 开玩笑的 d. 放松的
（7）		a. 憎恨 b. 不厚道的	c. 焦虑的 d. 无聊的

答案：（1）b. 恐惧的；（2）c. 善良的；（3）d. 悲伤的；（4）a. 友好的；（5）b. 不安的；（6）b. 让某人做某事；（7）c. 焦虑的。

以上测验不只可以辨识出自闭症患者，更重要的是，可以帮助人们更了解自闭症在同理心与抽象思考上的困难，他们无法设身处地为他人着想，这是自闭症患者天生的障碍，多数人们不理解这一点，造成误解，使自闭症在社交互动上越来越孤立无援。通过这些测验，希望可以改善自闭症患者在社会上的处境。

医学小常识

什么是心理理论测验

这个测验最早是在1970、1980年代设计出来的题目，可用来测量不同儿童的"心理理论"发展程度。受测者分成三组：一般小孩、自闭症小孩、唐氏综合征小孩。唐氏综合征小孩与一般小孩的表现一样，但自闭症小孩特别容易在"莎莉会在哪里找球？"这个题目上出错。

大脑辨识区块检测

还有一些测验,是拿两张一组的各种照片,让受测者辨认,这两张照片是不是同一个人或同一样东西。

结果发现,在辨认物体时,自闭症患者和一般人差不多,但是,在辨认人脸时,自闭症患者就有较大困难。

关于辨认人脸这件事,我可以举一个例子来说明:假设我们刚到美国念书,下课后同学互相介绍认识,从我们的角度看,碧发蓝眼的外国人每个都长得很像,回家后能够记住的脸孔所剩不多。三个月之后,再介绍新同学给你认识,你就比较容易记住新面孔,因为你每天在学校与外国同学互动,已经建立了一套新的认知系统,学会了很快分辨外国人的脸。

你知道我们是如何辨识人脸的吗?通常,我们的视线焦点会先落在发际线的地方。电影里的易容术,当演员要卸除装扮时的第一个动作,总是伸手去拔除发际线处的头发,当发际线一旦改变,我们辨识人脸的习惯就受到干扰,第一时间不容易认出来。因此,电影里的坏蛋在易容时,若变成秃头,将最难被认出来。

眼睛,也是辨识人脸的另一个重点部位。东方人全是黑眼珠、单眼皮,对西方人来说,少了眼睛颜色和形状的线索,是很难辨认的。

如图 4-1 所示,在辨识人脸时,我们主要是使用大脑梭状回(fusiform gyrus)的区域;辨识无生命物体时,则是使用颞叶区(inferior temporal gyrus),两者都是位于大脑内侧的枕叶与颞叶交界处。

辨识人脸时,如图 A 和图 C 的框内,梭状回区域的血氧浓度升高,该区域得以激活;在辨识物体时,如图 B 和 D 的框内,会激活颞叶区的大脑。

自闭症患者在辨识物体时,大脑的颞叶区活化,如图 F 的框,与一般人没有太大差别;可是在辨识人脸时,图 E 的框内,梭状回没有反应,但颞叶区却变得活跃,这显示自闭症患者是使用物体辨识的区块来辨识陌生人的脸部。

用核磁共振来观察自闭症患者的大脑情况,确实发现,不论是辨认人脸或物体,激活的区域都是在颞叶区。这可能与自闭症患者较难辨识陌生人脸孔、无法理解人脸部表情的讯息有关。脸孔的辨识，以及看懂脸部表达的情绪，关系着社交人际沟通的能力，此方面的缺憾不管是轻微或是严重，都显露出社交能力的困难。

根据核磁共振、脑波检查所得到的信息，并无法确定这种脑部功能的异常是先天性的，还是后天疾病所引起。也有人推测自闭症患者从小不看人的脸，梭状回区域没有获得充分的刺激和练习，才会发育不良。无论如何，此实验证实了自闭症患者的人际困境，与脑部有关。

	辨识人脸时，脑部梭状回的反应。如图中框框的位置。	辨识无生命物体时，脑部颞叶区的反应。如图中框框的位置。
正常对照组一	A	B

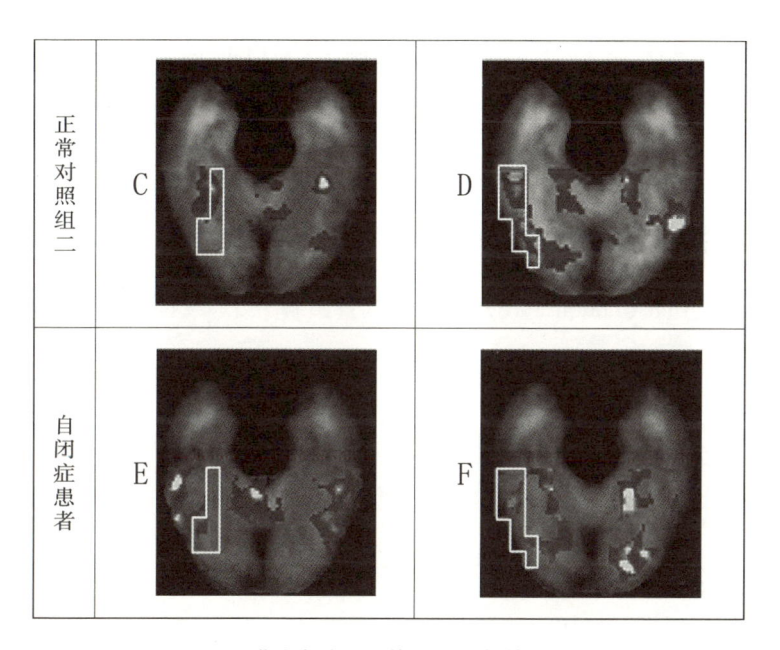

图 4-1 辨认人脸和物体时，脑部的活动区域

智力、受教育程度与自闭症的关联

英国剑桥大学自闭症研究中心曾发表过一份令人深思的研究成果。研究者编制了一份"自闭倾向量表"(Autism-spectrum Quotient, AQ),让受试者回答五十个题目,用以检测自闭症的五种特征:社交技巧、注意力转移、注意细节、沟通、想象力。

研究对象分成三组:阿斯伯格综合征及高功能自闭症患者、一般组、大学生。研究目的是探讨成年人的平均智力、教育程度与自闭症的关系。

结果显示,一般组和大学生的 AQ 得分并没有显著差异,但明显低于阿斯伯格综合征及高功能自闭症组。以性别比较,各组男性得分普遍较高,女生较低。

研究证实,智商和教育程度并不影响 AQ,自闭症与智力、教育程度没有关系,但是不同科系之间却有很大的差异。科学相关科系(数学、计算机、工程、理学院)的 AQ 显著高于人文科系(语文、文学、法律、哲学、神学、历史、音乐）及社会科学科系（地理、经济、社会、政治、考古、人类学、管理）。

研究者征求得分四十分以上的十一名大学生（都是科学相关科系）进行临床会谈，其中有七名符合高功能自闭症或阿斯伯格综合征的诊断标准（不过因为缺乏父母提供的身心发展资料，研究时亦无明显心理困扰，故诊断不能成立）。许多人算是校园内的特殊人物，不喜欢社交，有被欺负孤立的经验，几乎没有知心好友，他们全心全意专注在擅长的领域，日子过得怡然自得，充满成就感。

自闭倾向量表告诉我们：世界上有许多人或多或少都有自闭症的特质，只是还不到被诊断为自闭症的程度。

根据AQ的分析推论，人类的心智能力，一种是分析及系统化，另外一种则是同理心，每个人的两种能力有不同分布。一般而言，女生比较有同理心，系统性分析能力较差；男生刚好相反，比较不体贴，喜欢分析；所以有一种说法认为自闭症是一种极度男性化的大脑。同理心差可以解释自闭症患者在人际沟通、想象力方面出了问题，系统性、分析性强则可解释特殊专长、固着性的部分,这样的说法虽然稍有性别歧视之嫌,但多少也解释了自闭症患者为何男性远多于女性。

> 自闭症基因的分布很广泛。也许我们每个人或多或少都带有一点自闭症的特质,所以若被称为"怪咖",也不要太生气喔!

医生小叮咛

第五章
自闭症的治疗

自闭症不是吃药就可治愈的疾病。正确分析情绪行为的前因后果,采取适合的处理方式,才是最重要的治疗步骤。

第五章 自闭症的治疗

治疗没有万灵丹

互联网上充斥着上百种标榜可以有效治疗自闭症的方法，有些甚至宣称能根治自闭症，让焦虑的父母忍不住想要尝试，但又怕美梦成空。

一种疾病会发展出琳琅满目的治疗秘方，正说明了它是不容易治疗的，而且坊间有关自闭症的大多数疗法都是无效的。事实上，能够治疗的疾病，方法都很明确简单，例如要治疗高血压，就是吃降血压的药物，治疗糖尿病就是注射胰岛素，绝不会三天两头就有最新研究发表，宣称有重大发现。

自闭症并不是可以吃药治愈的疾病。自闭症常伴随有妥瑞氏症、癫痫、过动、发声性抽搐或是自残、攻击等危险行为，若有这些症状，需要短期或长期服用药物，但这并不是用来治疗自闭症，只是起辅助性的功能，用以降低其他共病的干扰。

医生针对自闭症的核心症状和异常行为，如不理人、不沟通、尖叫、撞墙、摔东西等，也不会立刻开药。如何正确分析这些情绪行为的前因后果，采取适合孩子的处理方式，才是最重要的治疗步骤。

面对"无药可医"的窘境，父母们最关心的是，孩子接下来该怎么办？未来会发生什么事情？几年后会有哪些改变？治疗到底有没有效？……这些问题都没有明确答案，医生也不敢打包票，因为每个孩子的变异情况都不一样。也许孩子两岁时来到门诊，还不会说话，过两年就开口说话了；另一种情况则是，经过两年积极治疗，孩子却毫无进步。这些情况都有可能发生，也跟父母的努力没有绝对关系。

自闭症是一种会持续改变的疾病，不管有没有治疗，随着年龄和大脑的发展，发展障碍的症状也会跟着改变。因为每个孩子的临床症状不同，同一种治疗方法并非对每一个孩子都有效，所以自闭症的治疗是没有万灵丹的。

第五章 自闭症的治疗

目前，较普遍的自闭症治疗方式包括感觉统合、听觉治疗、运动治疗、维他命或食物疗法等，但没有一种方法绝对有效，也还没有任何方法得到足够的实证研究支持。通常，只要有一些临床个案产生疗效，就会被媒体放大强调，每隔一阵子总会有某种治疗方式流行一段时间，之后又流行另一种，此起彼伏，让许多父母怀抱着希望尝试，一段时间之后，却又再次经历失望。

父母们经常有"一定要为孩子安排各式各样的治疗"的迷思，这是错误的想法。自闭症并不像癌细胞一样可以割除了事，它是属于患者的天生特质，很像是"个性"的东西，好比有人生性乐观开朗，有人天生内向害羞，个性要改变并不是容易的事情，硬要扭转孩子，让他变成和一般人一样，往往适得其反。

与其期待孩子改变，倒不如试着去了解、认识、体谅、接纳自闭症孩子的想法和感觉，才可以找到帮助他和鼓励他的正确方法。自闭症患者无法表达自己，很需要他人的陪伴和理解，找到让他可以安心的相处方式，这才是最重要的。

接下来是如何让他的个性可以与环境兼容,学习在家庭、学校、职场生存下去的基本技能,并接受他的局限和特性。这是一条漫漫的学习之路,短期内不容易看到效果,只能靠父母和孩子一起携手努力。

> **医生小叮咛**
>
> 讳疾忌医或病急乱投医都不好,有完善评估与个别化的治疗计划,才是比较正确的选择。

如何面对各种治疗

父母面对孩子的发展障碍，莫不想尽办法尝试各种治疗方式，不惜投入金钱和时间，只求换回一个健健康康的孩子。在此提醒家长慎思慎选，贸然使用未获证实的疗法造成的潜在伤害可能更大。坊间花样百出的治疗方式，假设它真的有效，医生们一定会热心采用，就是因为没有效果，医生才不会主动告知。

投入任何一种治疗，即使是免费的，至少也要付出时间和情感的代价。父母要先评估对孩子的效果、对家庭的可能影响、是否有隐藏的害处、是否耗费大量的时间及金钱，以及若结果无效，是否会打击到你的"希望"等。

有些家长想要追求神速改善的效果，参加坊间的昂贵课程，以为学费这么高，孩子进步的幅度应该更大更好，这种期望往往最后会落空。这些疗法都没有经过严谨的科学实证研究，即使抱着姑且一试的心态，也要谨慎评估和考虑：若再次失望，信心是否会受到打击？是否可能产生排挤效应，影响到其他的治疗计划,错失孩子早期疗育的机会?父母最好在不影响专业治疗的前提下,才去考虑其他另类疗法的辅助。

每一位自闭症儿童的情况都是独特的,父母有责任检视治疗机构有没有善待你的小孩。自闭症的治疗模式要针对个案来设计,如果每个孩子的治疗方式都一样,没有针对个案的各项能力来调整内容,就无法评估训练效果,提醒所有家长务必要注意这个问题。

父母也可以自行审视医生或咨询师,看他们够不够专业,讲述的内容有无道理。大台北地区早疗评估中心林立,父母要思考这些专家有没有给你该有的答案。经常有父母拿了一大叠早疗评估报告前来询问,光从报告就知道有些机构连孩子得了什么疾病都讲不清楚,水平参差不齐的情况屡见不鲜。

自闭症的问题是多重障碍,只治疗单一症状,效果不会太好,例如早疗不能只治疗语言障碍,而不顾及精细动作,因为孩子的成长是整套发展起来的,不会只发展语言或是某一个动作。而且父母也不能只站在治疗门外，亲身参与非常重要。疗育系统顶多一天八小时，孩子回到家还有很长一段时间与父母、家人相处；自闭症是社会性互动缺乏的疾病，人类的社会性互动最早是从家庭开始，倘若与家人互动不好，在外面的互动也一定不好，所以家长的认知、观念及态度，才是最重要的。

医学小常识

听到特殊疗法时，应该思考的问题

1. 这个治疗会不会对孩子造成伤害？
2. 这个治疗在发展上是否适合孩子？
3. 治疗失败会影响孩子与家庭吗？
4. 这个治疗已获得科学验证了吗？
5. 这个治疗如何与孩子目前正在进行的治疗计划整合？
6. 不要对忽略功能性课程、职训生活与社会技巧的治疗太着迷。

行为分析的实证研究

当我们从症状表现、发展的观点以及心理机制去认识自闭症，治疗方向就更加明确了。目前没有任何食物、药物、运动、感官刺激、辅助器具可以直接治疗自闭症的缺损，唯有透过目标明确的训练计划，以符合发展及实用互动的原则，加强能力、消除不适当的行为，才会是有效的治疗。

简单来说，治疗的目标是要让自闭症患者在他的生活环境中更适应、更独立、更快乐。因此，若无法将字词语言应用于对话交流、日常生活之中，光是认得几百张图卡是没有意义的。在学龄期间，如何训练孩子在团体中应对进退的基本技巧，可能远比语文、数学的分数更重要；而计算机、绘画、音乐的特殊才能，也需要配合衣食住行的自我照顾能力，方能有成。

行为治疗是目前经过实证研究最值得推荐的治疗方式。再次强调，行为治疗并无法根治自闭症，也不是对所有患者都有同样效果，但在目前的疗育方法中，它的确是经过证实比较有效的方法。

近二三十年来，科学逐渐一步步解开了自闭症神经系统的致病密码，掌握了更多自闭症核心行为的转变模式，行为治疗通过鼓励尝试和适时奖励的设计，来改变孩子在某些特定情境下的行为，确实成功帮助了不少自闭症儿童适应家庭与学校生活，并持续进步。

最早的行为治疗方案是由美国罗法斯博士（Ivar Lovaas）发展出来的。1987年罗法斯博士发表了一篇研究论文，证实自闭症儿童在三岁半以前，经过有系统的反复训练，有些人追上了同年龄孩子应有的发展功能，回到一般教室就读。该研究强调要由老师、父母陪同训练，让自闭症儿童进行重复性的步骤练习，每周约三十到四十个小时的课程，通过奖励来加强孩子的正确行为，或借由惩罚来遏止不正确的行为。

这套训练将社交及生活技能分解成一系列的分段步骤，从发出指令开始，到要求孩子对指令有所反应或回答，最后强化反应。孩子必须学会该项技能的每一个步骤，才能进行下一个新技能的学习。

例如，将"如何去便利商店买东西"分解成有次序的分段动作——先去挑选要买的东西，然后准备好钱包，依序排队等候结账，轮到自己时，走到柜台等待店员清点商品告知金额，拿出钱包里的钱给店员，等待找零钱，拿出购物袋把物品放进去……将每项技能分解成简单的步骤，观察孩子能否精熟每个步骤，如果他在某个步骤停滞不前，表示该步骤分得不够细，需要再拆解成更多小步骤，以减少孩子的挫折感。

罗法斯研究了十九名低功能的自闭症儿童，多介于两岁至三岁之间，不太能使用语言表达自己。行为治疗每周进行四十小时，采用一对一模式，持续两年。两年治疗结束后，持续追踪到孩子满七岁，其中有九名儿童的智商提高了三十分，进入一般班级就读。1993年罗法斯再次提出追踪报告，这九位治疗成功的自闭症儿童到了十三岁的时候，有八位小孩仍然在一般班级中学习，智商维持增长。

这个研究结果证明了自闭症孩子是可以教导的，有可能学会在家里、在小区里独立生活。

罗法斯早期实验的做法有一些瑕疵，略受批评，但是这个方法毕竟没有出现严重的错误，因此在经过调整后仍运用至今，成效依旧不错。虽然每周四十小时的行为训练，对两岁小孩不是很容易，咨询师、家长在过程中都相当辛苦，但最后得到的实验结果十分激励人心。

后来的研究发现，训练时数即使减少到每周二十小时，也同样可以获得相当的进步效果。

医学小常识

面对坊间各种疗法,可以思考的原则

1. 对于任何一种新的治疗方式可以抱持希望,但也要带着怀疑。
2. 治疗的目标应该是帮助孩子成为可以自立的社会成员,而非彻底治愈。
3. 小心那些声称"对每个患者都有效"的方法,以及自称"有效治疗"的计划。
4. 小心那些忽略个别化需求,以及可能造成伤害的计划。
5. 新的治疗应该具体提出必要的评估程序,以确定是否适合个案,因此不管何种治疗一定要根据个别评估,确定个别需求。
6. 对于各种治疗及技术的争辩比较容易流于表面化,应该尽力将其整合在整体治疗中。
7. 新的治疗方式往往尚未经过科学化验证。

第五章　自闭症的治疗

我的孩子需要早期疗育吗

坊间充斥各式各样的理论疗法，每套理论都强调有成功案例，父母往往不知道如何选择，只能每种都去尝试，期待有一天孩子的能力可以突飞猛进。只是时间过去，孩子一直长大，未来充满不确定感。一位自闭症儿童的妈妈就说："只要听到什么能做的，我就去做，如果没做的话，孩子没有进步，我会觉得是不是因为没有做某个疗法，才让孩子失去进步的机会……"

一般的孩子很自然就能学会独立生活，对自闭症儿童来说却很困难，需要仔细地教导，教导者要一直动脑筋、不断思考更细节的步骤，帮孩子串起每一个环节，而且每个自闭症儿童的情况不一样，没有百分之百的有效规则，可以一体适用。有些孩子看起来有进步，有些孩子却退步了；有时候好不容易有了进步，一段时间又突然退步，不免让父母怀疑孩子的程度到底在哪里，这是门诊时父母经常会询问的问题。进步很开心，退步又惶恐，不知该怎么办？逼得父母一直带小孩去做更多早疗，想要找到原因，却又不见得有答案。

其实，有些孩子就算不接受早疗，当年龄成熟到某个程度，仿佛开关打开了，通了电，很多技能自然就会了。现在很流行早疗，其效果如何鉴定？时数多久才够？合理费用多少？这些疑问没有任何专家能够提供标准答案，我仅能提供一个基本的参考准则：早疗应该做在刀口上。

孩子到底需不需要早疗？我认为有两种情况是不太需要早疗的。第一种情况是不治疗也会好。例如在没有其他疾病的前提下，大多数儿童的表达性语言发展迟缓是可以不用治疗的，所谓"大鸡慢啼"，时间到了自然会开口，不治疗也没关系。第二种情况是治疗了也不会有太多进步。例如唐氏综合征是先天多了一条染色体，智商平均五十分，即使治疗长达二十年，智商也不会有太大变化，既然效果不显著，早疗的规划就要适度。

自闭症的情况也是一样。有些严重症状无法借由治疗获得改善，治了也不会有明显好转。像是有些重度自闭症的孩子，即使安排各种早疗课程直到小学阶段，语言及人际关系的进展仍有限，必须留在特教班。

自闭症的病程并不容易预测，有些孩子治了不会好，有的不治却自动好转。有些家长带小孩来诊断一次就不再回诊，在没有任何治疗介入之下，过了三年，孩子却进步显著，临床上的确碰到过这样的案例。

麻烦的是，医生并无法判断个案是属于"治了会好""不治会好"还是"治了也不容易好"的情况，因此临床治疗上一律采取早期疗育的模式，想尽办法予以治疗，而临床研究确实也发现，对大多数的孩子来说，早期疗育确实有它的功效和意义。

人类脑部发育最旺盛的第一个阶段是在学龄前。此时脑部的可塑性比较大，治疗比较能够获得大幅度进步，如果等到七八岁以后才治疗，效果绝对不会比五六岁前来得好。临床经验告诉我们，在三到五岁之间开始治疗，效果更佳。

小瑀妈妈的分享

小瑀九个月大时,妈妈发现他对陌生人的兴趣不大,不像一般小孩那样睁大眼注视陌生人。放在床上的旋转玩具,他几乎不碰。经常半夜爬起来哭,哄也哄不停。曾经开口叫过爸爸妈妈,后来语言却消失了。除了不会讲话,叫他也没有什么反应,眼神接触很少,不太看人,妈妈看过电影《雨人》,开始担心小瑀是不是自闭症。

虽然心理早有准备,当孩子确诊后,她还是非常难过。小瑀妈妈说:"当妈妈的不会不接受自己的小孩。只希望他不是症状严重的那一种,希望他的发展越来越好,会比较放心一点。我必须一直抱着期待,如果我没有期待,就好像我放弃了他。有学习就会有进步,步伐不见得多大,只要跨出一点点就很高兴了。"

妈妈曾经每天安排满满的早疗课程,小瑀受不了一直有人在旁边叽叽喳喳,要求这不准那不准,又因沟通能力差,不会反应情绪,干脆一个人跑到旁边玩。妈妈后来看到小瑀每次都跑到一旁玩游戏,慢慢明白是自己太急了,毕竟才三四岁的小孩,根本负荷不了、承受不了这么多课程。

医生建议妈妈,回到家以后,最好不要扮演老师的角色,这一点对自闭症小孩很重要,他们的认知能力比较差,容易角色混淆,搞不清楚是妈妈还是咨询师。某个程度要退回妈妈的角色,用妈妈的态度与他互动,不要让孩子感觉没有妈妈,失去安全感。

此外,医生也提醒,家人和自闭症儿童之间要保持一定的距离和独立的空间,以减轻孩子压力。有时可以鼓励孩子看书,不是为了强迫他学习,而是要让孩子喜欢跟大人一起看书,享受那种在一起的亲密感、安全感。

最重要的是,孩子要快乐!小瑀妈妈说:"我喜欢看他很快乐!"

第五章 自闭症的治疗

学龄前的加油站

台湾地区的发展迟缓儿童早期疗育系统建构得还算完善，只要孩子有问题，就可以很快得到协助，一经确诊后，会转介进入早疗系统进行评估。过去自闭症儿童诊断年龄大约在三四岁以后，整套服务系统推动二十多年来，以台大医院为例，儿童自闭症门诊的诊断年龄平均降至两岁半到三岁之间，这显示从通报、转介到医疗网等环节紧密合作的成效，尤以大台北地区的服务较完整。

目前大部分医疗院所的早疗评估多由复健科主责，但是自闭症的诊断是由儿童精神科医生负责，儿童精神科医生开立自闭症残障手册。由于坊间不少复健科诊所也提供早疗服务，会聘请专业咨询师驻诊，因此父母在医院确诊后，考虑地利之便，可就近在住家附近的诊所治疗。

许多家长常疑惑地在医院大厅徘徊，不知道应该挂哪一科。以台大医院为例，早疗联合评估系统以小儿精神科、复健科、小儿神经科三科为中心，无论挂哪一科都可以，必要时可以多科联合评估，纳入社工、心理、职能治疗、语言治疗等，甚或眼科、耳鼻喉科均可视个案状况来照会。当家属进入早疗评估系统后，以台北市为例，社会事务主管部门会安排家庭访视，提供家庭相关的训练服务。

台大医院儿童心理卫生中心将初诊与复诊分开。初诊名额每半天只限六名，由一名主治医生及多名住院医生问诊。初诊时间为一小时至一个半小时。最重要的是问诊，包括临床问诊、现场观察或现场测试，另外也可能会请家长或老师填写相关问卷。

诊断评估为自闭症的学龄前儿童，经个别门诊咨询治疗及整体评估后，若医生认为应接受密集的矫治训练，而且照顾者也可积极参与协同治疗，则可安排进入儿童日间病房。

台大医院儿童日间留院服务名额目前仅限四十名，由四位各有专长的咨询师负责。儿童日间病房以行为治疗为主，通过游戏、唱游、劳作、烹饪等活动，训练孩子的基础能力，包括教会孩子自己吃饭、大小便，懂得简单语言，能模仿，会听从指令，可与他人互动，习惯团体生活，能够安静坐在位置上等。

日间病房的咨询师专长各有不同,治疗目标及训练内容根据每一个孩子的个别情况量身定制。疗程以家庭为单位,要求父母其中一方参与陪伴学习,咨询师担任类似教练的角色,训练家长为协同咨询师,这种搭配方式的好处在于,家长可以配合家庭环境将治疗训练带回家继续执行。

治疗自闭症是一条漫漫长路,需要长期追踪、检讨及讨论,每到一个阶段必须回到门诊追踪。门诊时,医生或咨询师会与家属讨论孩子目前的整体情况,了解所采取的治疗方式是否妥适,以及如何调整等问题。根据孩子的社会能力、学业表现和职业潜能等,提供适当参考意见。例如孩子明年要读小学一年级了,大家一起讨论各种可能性,评估适合去普通班还是特教班等。

台大医院儿童日间病房的平均住院日数约半年到一年,目前已帮助超过上千名学龄前自闭症儿童,个案平均年龄在三岁,有高达六成顺利进入普通幼儿园继续学习。

台湾地区的早疗系统还算完善，自闭症儿童可在确诊后，经医院转介至早疗系统，接受后续矫正治疗的评估与执行。

第六章
特殊教育矫治

对于孩子学不会的技巧或行为,请务必遵守循序渐进或逐渐减退的原则,尤其要根据个别能力的差异,耐心陪同重复练习。

第六章　特殊教育矫治

　　几乎每个人都有这样的经验：当我们学习某样事物时，过程中有许多学习步骤和细节，过一阵子之后，却完全忘了当初是怎么学会的。无论是骑脚踏车、走路或买东西，都是建立在学习的经验上，当这些经验内化成日常行为的一部分，就可以精益求精，举一反三。

　　但自闭症儿童的大脑却无法累积经验，无法靠理解来学习，必须通过有系统的行为学习策略，才能够建立基本的生活能力。

　　自闭症的许多特殊行为几乎都没有特效药物可以解决，必须从教育的观点来了解其行为特征，并从教育矫治的角度来训练自闭症儿童学习独立生活能力。目前没有单一、绝对的矫治方式可以适用在所有自闭症孩童身上。根据孩子的独特能力和兴趣来设计方案，才是理想的课程设计，然后通过父母、老师及医疗团队的相互配合，持之以恒地加以训练。

让自闭症儿童长大后能够自立生活，维护"身为一个人"的基本尊严，是所有自闭症儿童家庭最大的期盼，也是最大的压力来源。父母终会老去，兄弟姐妹各有人生发展，在社会福利不足的现实条件下，父母多半不希望自闭症儿童牵绊其他手足们的未来。所以，行为治疗的最大目标在于协助自闭症孩子学习及发挥潜能，能够自理日常衣食住行，在不影响他人的情况之下，一个人过好自己的生活。

五个必守原则

教育矫治是通过模仿学习来促进自闭症儿童的认知发展和行为，要先评估孩子的智能和功能程度，根据孩子的强项和弱项，量身定做符合目标的计划。

训练计划必须有足够弹性，能应对孩子的情绪变化，随时评估孩子的能力，调整应当增进的行为和应该减少的不良行为。自闭症的教育矫治，有五项原则。

运用学习理论：善用孩子喜欢、有兴趣的事物来刺激学习

学习理论是教育心理学很重要的一环。操作性条件反射、强化、消除与提示消退法等，已经被证实适用于自闭症儿童的教育矫治。

操作性条件反射理论由美国心理学家斯金纳（B.F.Skinner）博士提出。斯金纳用白老鼠进行压杆实验，先将饥饿的老鼠放进箱子里面，老鼠肚子饿、想找食物，在箱子里跑来跑去，不小心触碰到一个机关，食物瞬间掉出来，从此老鼠知道肚子饿时，只要去碰触那个机关，就有食物可以吃。得到食物，对老鼠来说，就是一种增强物，食物的诱因促使老鼠做出碰触机关的动作。

为了诱发自闭症儿童学习某一种行为，操作性条件反射理论强调，当孩子自动做出某一个行为反应时，立即给予增强物的刺激，使这个行为经由刺激联结得到强化，经过多次的重复训练，让身体有了记忆，使孩子最后学会这个行为动作。

日常生活行为大部分属于操作性，每一个行为与环境、事件，都有前因后果的关系，可以运用增强原理，来训练自闭症儿童建立日常技巧与行为。

以训练洗手为例，每天吃饭、吃点心之前要洗手，将洗手的行为拆解成有前后关联性的连续动作，通过反复的练习，帮助孩子清楚了解如果想要吃东西，要先洗手，才能够得到食物，从而建立洗手的习惯。

教导自闭症儿童学习语言和生活自主能力，是很有挑战性的工作，建议先找出孩子喜欢的东西当作增强物，当孩子说对话、做对动作或回答出正确答案，就可以给予增强物当作鼓励，刺激孩子继续学下去的兴趣。

一般的增强物如赞美、拥抱或礼物等，对一般或偏差行为儿童来说也许效果不错，但是自闭症儿童对此常常反应冷淡。有一位自闭症小孩对会说话的托马斯小火车非常着迷，爸妈为了让他能学习开口说话，就要假装成一台火车跟他对话，他才愿意回答。

托马斯小火车是这位小朋友的增强物，具有刺激学习的功能，因此若能以孩子喜欢的东西作为刺激来展开学习训练，应该是一个不错的选择。

增强物要简单清楚，让儿童可以轻易了解增强物与正在学习的行为之间的联结性。可以多个增强物交替使用，当孩子做出期待中的行为，即立刻给予增强物；每一次有正确、好的行为反应时，就要鼓励。在教导的初期，增强物的使用次数会很高，随着学习情况进步到某一个阶段之后，增强物的次数要逐次递减，如此方能鼓励孩子自主学习，不再依赖增强物。

对于有严重语言障碍的自闭症儿童，如何运用"提示和消除"的教育矫治来建立语言能力，是非常重要的。首先要评量孩子的语言沟通能力有哪些缺陷，根据长短处来设计学习计划，将要学习的事物分解成十分精细的学习步骤，一个步骤一个动作，用提示法来帮助孩子学习新的行为，然后慢慢不再提示，让孩子将已经学会的能力永久保存下去。

训练语言的初期可用提示法来引导说话，提示方法包括口语、肢体语言和图画。例如"去、来、坐下、站起来、跑"等简单指令，搭配"动作"的提示，等到孩子弄懂语言所表达的意思后，逐渐减少"动作"提示；或是认识水果名称，可搭配图片或实物，待孩子学会辨识水果后，逐次减少展示图片或实物的次数。

语言技能的学习是逐步渐进的，不可操之过急。为了教孩子说出"妈妈"这个名词，教上七八十遍都有可能。建议家长们可以根据孩子所处环境的事物来设计教学内容，如此在日常生活中随时都有练习的机会。

循序渐进或逐渐减退的原则

家长必须了解,学习的重点在培养基本生活能力,而不是跟着仿说,才不会用错方法逼迫孩子完成目前还做不到的事情。例如孩子还不会说话,也不懂单字的意义,家长却拿出他最爱吃的巧克力,非要逼迫他说出"巧克力"三个字,就会弄得孩子大发脾气，家里不得安宁。

自闭症儿童的能力发展与一般孩童一样，有其顺序性、多元渐进性。在学习说话的技巧之前，要先增进孩子的语言理解能力，达到一个程度后，才能开始教语言表达。自闭症孩子会有自创语汇的情况，从仿音、仿单字、仿词中来表达他想要表达的事情，例如想出门玩，却说"鞋子"；肚子饿了，直接说"炸鸡"或"凉面"；想睡觉，说"熊熊"，因为棉被上有一只可爱的无尾熊图案。所以一定要先教会孩子运用正确的语言表达，才能进一步学习对话技巧。

在教学之前，务必先分析孩子的能力水平。孩子也需要培养信心，一定要从简单的学习任务开始，用逻辑性的进程，有条不紊地朝越来越复杂的目标前进。对于孩子学不会的技巧或行为，千万要遵守循序渐进或逐渐减退的原则，尤其要根据个别能力的差异，耐心陪同重复练习。如果孩子的发展没有到达某个程度，不宜强迫他学习超出能力的东西，例如孩子还没学会跟人打招呼，就不要强迫他去跟人问安道早，这样可能造成学习挫折，引起反效果，或留下后遗症。

教导方法有很多种，最大的原则在于根据能力来设计，学习过程则要"由简到繁，重复练习"，让孩子加深记忆。

自闭症学生的记忆能力是优于理解力的，视觉的学习也优于听觉，在教导新的技巧时，要通过示范、模仿、实物、图片、动作及声音的提示，当孩子已经很熟悉这个新的技巧之后，就要有计划性地逐步减少辅助提示动作，反复练习到最后孩子不再需要提示，仍可正确表现学习到的新技巧行为。

接下来，家长可以采取机会教育，多和孩子对话交谈，训练会话能力；或教孩子洗碗、扫地、整理房间，培养自理能力；多带孩子到公众场合，让他习惯有陌生人的环境，鼓励他与同年龄的孩子玩游戏，借此训练孩子人际沟通技巧、理解他人的能力，练习与陌生人建立关系，逐步改变固着性行为，打开孤独的内心世界。

实用的原则

行为治疗方式的设计，要依据孩子的年龄以及能力发展的个别情况，符合实用互动的原则，最终目的是教导自闭症儿童长大后可以运用到的能力，包括职业能力。

家长在训练过程难免想要做好每件事情，请记得，超出孩子能力的教学，对他们来说是相当有压力的。比较理想的做法，是一次着重在几个技能就好，在日常生活中，以实物、实境为例子，加强语言、人际关系技巧的学习。如此一来，孩子才能将基本技能组合运用在比较复杂的技能上。

例如，利用走在路上遇到熟人的机会，以实际的情境教导孩子打招呼的技巧，如"陈伯伯好、林奶奶好"等；利用饭后及睡前来训练刷牙，或上完厕所后要如何处理，每组动作都要设计成单一的、可以串联起来的分解动作，一步一步地教导。

自闭症儿童比较无法掌握抽象思考的部分，不懂得举一反三，在这方面，可以通过真实的运动与游戏，让孩子理解与应用。例如自闭症儿童很难理解为何要遵守交通规则，与其在教室里教他"红灯停、绿灯行"，分辨灯号的意义，不如带他练习过马路，加强他独自安全走在人行道的能力。

以青少年自闭症患者而言，学习如何配合老师指示写作业、搭乘交通工具、打电话、买东西等实际生活技能，最终都要能够顺利应用在生活中才算有效，不然学生可以从第一课背到最后一课，却无法运用到现实生活，所有教学等于白费。

避免一成不变的学习过程

自闭症有固定行为的特性，同样的方式教了几次后，行为会固定下来。如认识"牛奶"，如果只是每天早上拿杯子要他喝牛奶，他只会知道"每天早上起床后的杯子里"的东西叫作"牛奶"，把"牛奶"跟单一情境联结。所以，应该在不同的场合教他认识各种不同包装的牛奶，让他知道这些不同情境中的"东西"都是牛奶。这种做法可以避免僵化，也是帮助自闭症儿童学习"牛奶"的意思和用途，而予以概念化。

矫治训练的地点不一定只限于教室内，最好也能够融入校园、家庭活动、休闲生活等情境，自由有弹性的变化组合可训练类化能力，提升认知程度。例如，孩子喜欢走固定路线，可以常变换不同的路线，让他知道走不同的路一样可以到达目的地。自闭症患者不太能够把图片上的对象联想运用到现实生活中，因此若要教他辨识"动物"，除了用图卡、手势等辅助方法外，何不换个活泼生动的方式，带孩子去动物园实地教学，呼吸户外新鲜空气，看看可爱的动物，大人小孩都愉快，也能达到学习的目的，一举多得。

家庭参与及学习生活化

家有自闭症儿童不代表不能过一般的家庭生活，第一步是取得所有家庭成员的共识，家人先厘清自身的错误观念，建立正确的疾病观念，用适宜的态度与孩子共处。

行为辅导的过程如果缺少家庭团队的参与，要改变行为并不容易，家人不要因此以为不能拥有自己的生活，你还是可以发展兴趣，出外与朋友聚餐，可以有自己的工作目标。重点在于家人之间建立起良好的沟通渠道，相互尊重、相互支持，根据角色、能力及兴趣分工合作，增进彼此同甘共苦的情谊，营造出快乐的家庭环境，与自闭症孩子一起迎接生活所带来的挑战，珍惜每一次得来不易的学习成长。

自闭症患者的学习，最好融合家庭、小区、校园和工作场所，在孩子最熟悉、感到安全的环境下展开学习，得到的效果最佳。门诊追踪的不少接受过教育矫治的自闭症患者，长大成人进入社会后能够自食其力，这是令人欣喜的消息，也是对于辛苦教育者的最佳回报。

> **医生小叮咛**
>
> 经由教育矫治五原则的训练学习，自闭症儿童可以知道正确生活的技巧，并改善僵化的行为。

沟通能力的训练：理解和表达

改善沟通技能往往是父母最在意的一环，自闭症儿童在五六岁之前，若能发展出具有沟通效果的语言能力，对于日后发展有极重要的影响。语言发展是相当复杂的过程，自闭症儿童的语言障碍包括"语言理解"和"语言表达"两方面。

自闭症儿童在记忆、视觉、拼图方面的能力通常超过一般儿童，在抽象、理解方面的认知能力，却有极大的缺陷。例如，不少自闭症儿童很爱看电视广告，记忆力超强，广告内容或歌曲都能够倒背如流，但若想进一步讨论广告影片的内容，他们却说不出来，这是典型的无法表达和接收语言缺陷的症状。

语言理解能力

语言理解能力是沟通表达的基础。训练的题材要顺应孩子熟悉的游戏、玩具、交通、嗜好等，当孩子在从事某个活动的时候，要配合简短且清晰的语句，清楚地说给他听。例如孩子在刷牙，要呼喊孩子的名字，并且告诉他"某某正在刷牙"，用实际动作结合语言，帮助孩子了解刷牙的意思。

自闭症的语言特征之一是"代名词反转"，把自己称呼为"你"，而称呼别人为"我"，这种现象乃因自闭症儿童把别人口中的"你"当作对自己的称呼，例如妈妈问："你要喝水吗？"孩子就回答："你要喝水。"这显示出他们无法从别人的角度来看待事物。

因此，为了教会孩子说"我要喝水"，就不能只是问他："你要喝水吗？"而是要连回答一起讲："你要喝水吗？我要喝水。"然后再要求孩子仿说"我要喝水"。

在理解较长或包含抽象讯息的句子，如指令、说明等时，自闭症儿童会遇到困难。如果有人问："你知道现在几点了吗？"一般人会直接回答几点几分，但是自闭症者可能只会回答"我知道"。就字句而言，他的回答并没有错，但却不是发问者期待的响应。

每位孩子的语言功能程度不同，原本已经会的词汇或句子，若稍微改变一些结构，有些自闭症孩子可能就不懂其中的差异在哪里。好比前面提到的"着迷外星人传说的青少年"无法理解玩笑话，察觉不到别人正在嘲笑他，加上不会解读同学的脸部表情、情绪反应和身体语言，听不懂口语隐藏的譬喻，造成他在社交互动上的挫折。

对一个有先天语言障碍的孩子来说，要学会好好用语言表达，理解语言的丰富涵义，绝对是漫长的历程。有时候父母求好心切、严格管教，希望孩子早一点拥有一般孩子的能力，这种做法反而将亲子关系弄得紧张无比，孩子看到你就害怕或生气，拒绝再跟大人对话，又退缩回到自己的小宇宙里。

语言表达能力

自闭症儿童常常不看人，有时不是不看，而是看的时间非常短暂，如果他不注意你，对他说话是没有效果的。在练习语言表达能力之前，要先矫正眼睛不看人的问题，尽可能注视着孩子的眼睛来对话，顺着当下的情况，自然呼唤他的名字，说一些简单的话，不强求回答，让他习惯对话的情境。

日常生活中充满了话题，只是要以孩子关心或喜欢的为主，对话最好在情境中进行，如洗头发的时候，可以告诉孩子洗头发的步骤，水若流进耳朵、眼睛时该怎么办，洗完头发怎么吹头发等，这些都可以成为主题，先想好要跟孩子说些什么，也训练他要怎么回答。选择切合情境的话题，才可以获得比较好的训练效果。

自闭症儿童表达能力比较差，当孩子想要说话时，请耐心听他把话说完，说不好也不要打断他，而要把握机会与他对话。当他反复问同样的问题，不要不高兴，这正是练习有意义对话的契机，大人可以顺着问题发展出其他问题，刺激孩子表达的动机；也不要刻意去矫正发音，他用手势、表情来回答也无妨，重点在于让孩子有表达的意愿，若刻意去矫正错误，说不定会抹杀了好不容易培养出来的说话动机。只要孩子肯说，就赶快鼓励，大人只需要用一般的说话方法即可，让他学习正确发音、语调及语法。

语言表达训练一定要在生活情境中进行，才能够让孩子了解对话的意义，进而延伸类化，运用到日常生活当中，不是反复说个十几二十次硬背下来就可以。不必刻意教学，日常生活中的每一个大小事情都可以成为训练机会，从中不断且自然地把想要教给孩子的东西说给他听，慢慢地孩子一定会弄懂语言的意义。

第六章　特殊教育矫治

人际关系的训练：自我控制能力

自我控制能力，是从一出生就开始在无数次的互动、观察和经验中学习到的。例如看电影大声说话会惹来其他观众的不满，经验让我们知道不可以大声说话，因此学会自我控制。小孩从小观察父母的眼色，挨骂遭到拒绝几次后，经验告诉他父母喜欢或不喜欢哪些行为，因此学会自我控制，不再做出不当举止。

自闭症儿童不太会变通，当发生不适应或令其焦虑不安等情况时，会用一些过分行为来传达内心的恐惧或不满。例如，弄乱东西（撕书、丢玩具、敲打等）；发脾气（哭闹大叫、跑跳、打滚等）；自伤行为（咬抓、撞头等）；攻击别人（推、抓、踢打、咬、捏人等）。这些不是自闭症儿童独有的行为，在许多语言、情绪、行为障碍儿童身上，甚至一般儿童身上也都看得到，但在自闭症儿童生活中不仅经常出现，而且处理起来格外费力。

要学习控制过分行为，就要学习接受弹性。自闭症儿童非常固执,常常一点变化都不能接受,这是疾病所造成的限制,大人们必须充分了解这个前提。

在教导时,可以有时给孩子选择,有时不让孩子选择,让孩子知道"凡事都是可以保持弹性的"。例如孩子喜欢吃汉堡,不妨让孩子选择吃不同的汉堡,学习接受汉堡种类的变化。教导孩子保有弹性的同时,也要教导他如何面对意料之外,例如孩子想看某个电视节目,刚好那天停电,该怎么办?当孩子逐渐学会面对不同的选择,也就能逐渐学到如何面对突如其来的事情。

自闭症儿童容易沉迷于自己喜欢的事情，不理会别人的感受，也难以判读别人的想法，容易受到同辈的冷漠对待、挑衅和欺负。父母可以教导孩子一些变通的自我保护方式，例如告诉孩子别人可能对他做哪些事情、说哪些话语，可能会引起哪些不舒服的感受，当这些类似情况发生时，可以有哪些应对技巧。

此外，找出容易引起孩子不安的特定情境，如排队、过马路、打针等，可以教导孩子辨别自己身体的信息，练习深呼吸，或是假想自己正在一个最喜欢的地方，帮助他放松。

自我控制连一般孩子都不容易学会，对自闭症儿童更是难上加难，教导过程是非常有挑战性的。人际互动是很复杂的过程，日常生活随时可以适当地练习、安排，增加家人彼此互动的时间和机会，从家庭成员频繁的接触开始，让孩子有更多机会去观察、认识人的情绪表现，学习用稳定的情绪和态度，与人建立出顺畅的沟通模式。

生活自理的训练：独立自处技能

照顾自闭症儿童是全年无休二十四小时的工作。一般儿童可以安全地独自在房间、客厅玩耍，自闭症小孩独处几秒钟就可能身陷危险，加上自闭症偶尔会有半夜不眠的症状，弄得家长疲累不堪。有些妈妈心中会对孩子抱有愧意，心疼孩子的疾病、想减轻孩子的压力，过度保护之下，反而让孩子失去学习独立生活的机会，最后让孩子成为父母的终身压力。

训练孩子的工作若全由一个人负责，也会让自闭症小孩养成过度依赖一位照顾者的僵化习惯。家人轮流照顾可以训练孩子增加弹性变化的经验，培养与其他家庭成员的感情交流，也让主要照顾者有喘息的机会。

衣食住行等日常行为，是很基本的生活自理能力。这些基本能力很容易变成家人代劳的情况，有些简单的自理技能如穿衣、洗手、洗脸、洗澡、上厕所、餐具使用等，不妨训练孩子自己做，家人主动做太多，反而夺走了孩子学习的机会。甚至也可以主动邀请孩子帮忙做一些简单的家事，例如拿抹布擦桌子，先设计洗抹布、擦桌子会有哪些分解步骤，带领孩子多做几次之后，他通过模仿就可以学会帮忙做家务事。生活自理的训练宜从小开始，务必考虑孩子的年龄，是否同年龄的健康小孩也会做类似的事情，或是否符合孩子的发展需求，毕竟不可能期待五岁的小孩帮你洗衣煮饭，但你可以教他如何分辨颜色，如何将衣服分类。

学校生活的适应：选择普通班还是特教班

小泉的故事

七岁的小泉在学校是个乖宝宝，非常服从老师的指令。上课时不愿意坐在自己的位置上，总是安静地坐在教室的一角，玩手、玩脚或玩口水。主动参与的意愿很低，下课也不会跟其他小朋友说话、玩游戏。

进入小学的小泉应该进入特教体系，但妈妈担心他一旦进入特教班，与一群能力低下的孩子在一起，会失去足够的学习刺激，能力将停滞或退化，以后也不再有机会转入普通班了。

妈妈几度挣扎，明知道应该站在孩子的立场，不要在意班级名称、不要在乎面子，尽管心里也清楚地知道孩子的能力到了某一个年级后就升不上去了，但她仍坚持不要孩子太早进入特教班。于是能拖一天就拖一天，先把孩子留在普通班，成绩最后一名也没关系，她可以陪伴学习，在后面支撑着。等到真的不行了，再把孩子送到特教系统也不迟。

后来小泉的情况严重，需要介入帮忙，在特教专家的协助下，以项目方式在学期中转入特教班。而特教班的模式确实比较适合小泉，渐渐地，小泉有了一点点的进步。妈妈觉得很欣慰，体会到要配合孩子的能力来选择学习环境，孩子念特教班不但不会变得更糟，反而更适合。

小泉妈妈这一路走来有很深感触："父母应该站在孩子的立场，摆脱学历的空泛包袱，最重要的是孩子的需求，孩子终将面对只有他自己一个人的时候。我们希望他二十、三十、四十岁时拥有哪些能力？从这个角度来思考，才能从孩子的基本需求出发而选择。"

所有进入早疗系统的自闭症儿童，在升小学之前，根据特殊教育相关规定，要经过各县市教育局鉴安辅（鉴定、安置、辅导）作业评估，决定进入普通班或是特教班就读。专家的安置决策不代表永久不可更动，入学后，校方可以随时针对个案情况来调整。

等待鉴安辅作业的过程或许是一段煎熬，父母亲会产生很多复杂的想法，担心孩子的能力到底有多差？适不适合读普通班？如果孩子被裁定进入特教班，心情必然是不好受。孩子送去早疗这么多年，能力还是差到不得不去特教班，这是父母常要面对的痛苦感受。

基本上，父母还是应该考虑孩子到底在哪一个环境下比较容易适应，如果几乎无法在团体中与人互动沟通，让孩子进入普通班，其实也得不到正向帮助，不如进入特教系统，特教班可能是一位老师照顾三位小朋友，可以根据个别能力来教导带领。

反过来说，有的孩子学习能力虽然没有很好，依旧选择进入普通班，希望加强刺激人际发展、团体互动的部分，那么家长必须设定另一套适合孩子的学习标准和进度，不需要勉强跟上全班同学。

如前面章节所述，属于中高功能的自闭症儿童还是占大多数，现况是大部分的自闭症儿童都是进入普通班兼上资源教学，进入特教班反而比较少。在大台北地区，低年级阶段几乎是纳入普通班，除非口语能力非常差、完全无法跟人互动才会进入特教班。

临床上，我常碰到家长询问如何选择适合的学校。我的建议是，提早一年准备。早疗阶段会碰到相关领域的专家，家长们也会互相交换有用信息，并且了解学区内的学校或心目中理想的学校，主动与老师、校长或资源班老师聊一聊，或许可以早一点找到好老师，或是拜托老师给予入学后的协助。这对即将进入普通班的孩子来说，是很关键的。

随着年级不同，学校的要求也会不同。低年级生淘气地跑来跑去，老师可能不在意，到了中年级可能就会被要求坐好。通常在换班、换老师的阶段，最容易出状况。每个小孩的问题都不同，孩子会长大、改变，环境要求也会不一样，每隔一段时间应重新检讨孩子会碰到的问题，需要什么样的协助，这些必须由家长与级任老师、特教老师或医生、咨询师持续讨论。

自闭症儿童的就学评鉴：鉴安辅作业

台湾地区对特殊教育作出规定，自闭症儿童就学要经过鉴定、安置、辅导三个作业流程，简称"鉴安辅"。各县市教育局都设置有鉴安辅委员会，学校也有委员会协助评鉴评估。鉴安辅委员会每年定期召开两到三次会议，评鉴该县市内所有个案，也会针对紧急个案召开临时委员会。鉴定工作包括搜集医疗资料、做评估等，汇整后送至鉴定委员评鉴。鉴定委员包括特殊教育专家、医生、家长代表等。

鉴定完成后，进行安置作业。安置主要决定个案应该进入何种环境就读，例如普通班或特教班，或是入普通班并接受分布式资源辅助教育。资源教室不同于平常班的教学，可以一对一，或一对少数，针对个别需求及能力来制定教学进度。例如三年级某学生的语文程度只有一年级，无法在原班念，因此语文课就要去资源班上课。

资源班不光只有课业辅助，高功能自闭症小孩问题多在社交人际沟通，学校就会开设社交方面的训练课程。至于特教班则不是每个学校都有，有可能需跨学区就读。

第六章　特殊教育矫治

学龄前进入早疗系统的自闭症儿童,均有申请残障手册或重大伤病卡,户政单位登记在案,在念大班、进小学之前,学区就会通知父母申请鉴安辅作业。除了准备相关文件,父母也要填志愿,希望进入普通班、资源班还是特教班,有些父母亲对自己孩子有信心,坚持上普通班,也没有关系,鉴安辅委员会做出专业的审核评估,有需要时家长也可当面沟通讨论。

与学校方面的配合,最重要的在于充分沟通,了解彼此在不同环境下会遇到的问题。当然也会碰到父母和学校各说各话的情况,爸妈会说这些事情在家里都没有出现,为什么在学校就有这么多问题,反过来,学校也会有类似的疑惑。事实上,在学校与在家里是不同的,孩子必然会有不同表现和行为,对妈妈和对老师的态度就是不同的,校方、老师和家长都需要体谅对方,互相交换意见,一起面对自闭症儿童的问题。

> 对自闭症患者而言,所有训练与学习的最终目标,就是可以独立自处,更适应社会,生活得更快乐!

医生小叮嘱

结　语

相伴同行共勉之

记得在台大儿童心理卫生中心担任主治医生一阵子后，有一天宋维村医生把我叫过去，问我对于儿童青少年精神医学领域内哪一部分比较有兴趣，吞吞吐吐回答了几句刚入行几年的经验及心得，宋医生就以相当正式慎重的口吻说："你就好好往自闭症方面下功夫吧！"不久，在美国专长自闭症研究的蔡逸周教授来访，宋医生很正式地向他宣布说我要走自闭症这条路了！两位老师又是拍肩又是握手，一副承先启后克绍箕裘的态势，弄得我坐立难安。当时不知天高地厚，一方面高兴可以好好多花点时间跟老师学一学，另一方面心中也有点纳闷："有这么严重吗？讲起来好像入帮派似的！"

这大概是二十多年前的事了，万万没料到的是，直到现在自闭症仍旧是我工作的重心所在，而且至今还是觉得永远学不完，很多事情还不够清楚，想到两位老师依旧仰之弥高、钻之弥坚。尤其在看完门诊后，静下来想一想自己刚看过的孩子家长以及看诊时的讨论对话，虽然有些耗尽心力之后的一点满足感，但总是觉得自己脑子里、手头上现有的、可用的，实在难以令人完全满意。

这本小书的内容其实就是我的这段经验，与其说是我想对孩子、家长、老师及社会说的话、教的事，还不如说是一路走来与他们相遇相处相知、相伴同行共勉的学习心得。谢谢你们，我们继续加油！

附 录

延伸阅读

[1] 葛兰汀.我看世界的方法跟你不一样：给自闭症家庭的实用指南[M].廖婉如，译.台北：心灵工坊，2012.

[2] 葛兰汀.星星的孩子：自闭天才的图像思考[M].傅馨芳，译.台北：心灵工坊，2012.

[3] 柏修.蓝色小孩[M].林德佑，译.台北：心灵工坊，2010.

[4] 刘俊余，陈素秋.我的笔衣罐：一个肯纳青年的绘画课[M].台北：心灵工坊，2009.

[5] 萧尔.破墙而出：我与自闭症、亚斯伯格症共处的日子[M].丁凡，译.台北：心灵工坊 2008.

[6] 瞿欣怡.肯纳园：一个爱与梦想的故事[M].台北：心灵工坊，2006.

[7] Paula Kluth, John Shouse.自闭症检核手册：家长与教师

实用指南[M].陈威胜,陈芝萍,译.新北:心理出版社,2011.

[8] 蔡松益.会说话的虎尾兰[M].台北:商周出版社,2011.

[9] 葛斯丁,雪利.儿童人际发展活动手册:以游戏带动亚斯伯格症、自闭症、PDD及NLD孩童的社交与情绪成长[M].林嘉伦,译.台北:智园出版社,2010.

[10] 葛斯丁.解开人际关系之谜:启动自闭症、亚斯伯格症社交与情绪成长的革命性疗法[M].欧阳佩婷,何修瑜,译.台北:智园出版社,2010.

[11] 葛林斯班,薇德,西门丝.特殊儿教养宝典[M].刘琼瑛,译.台北:智园出版社,2010.

[12] 麦卡锡.我与我的星儿宝贝[M].陈昭如,译.台北:新手父母出版社,2009.

[13] 艾佛森.奇迹的孩子[M]庄安祺,译.台北:时报出版,2008.

[14] 霍尔.星星小王子:来自亚斯伯格星球的小孩[M].侯书宇、侯书宁,译.台北:智园出版社,2009.

[15] 佐佐木正美.有效提升孩子沟通力(图解自闭症)[M].萧照芳,译.台北:新手父母出版社,2009.

[16] 谭米特.星期三是蓝色的[M].钱莉华,译.台北:天下文化,2008.

[17] 萨克斯.火星上的人类学家[M].赵永芬,译.台北:天下文化,2008.

[18] 佛罗伦萨,嘉萨尼.我儿惠尼[M].张美惠,译.台北:张老师文化,2005.

[19] 杨贵芬,黄慈爱,王美惠.自闭症儿童社会情绪技能训练[M].台北:心理,2003.

[20] 萧卜勒.自闭症者家长实战手册——危机处理指南[M].杨宗仁,等译.台北:心理,2003.

[21] 宋芳绮、谢瑗竹.上帝的宝石:天才自闭儿[M].台北:天下文化,2002.

[22] 滨田寿美男.陪孩子面对障碍——与自闭症共舞[M].丁小艾,译.桃园:成阳出版,2000.